TEUBNER *kochen | erleben*

Kochkurs für Genießer

Desserts

Kochkurs für Genießer

Desserts

Ein köstliches Dessert bildet den perfekten Abschluss eines guten Essens. Es kann eine Komposition aus exotischen Früchten sein, eine raffinierte Creme oder Mousse oder ein erfrischendes Sorbet. Dieser TEUBNER Kochkurs für zu Hause zeigt Ihnen ganz genau, wie es geht. Damit werden selbst Geheimnisse aus der Patisserie wie die Zubereitung von Petits Fours oder Tartes gelüftet. Schauen Sie doch einfach dem Profikoch, fast so wie in der Kochschule, über die Schulter.

Im zweiten Teil des Buches können Sie Ihr Wissen anwenden, denn hier verraten unsere Spitzenköche ihre besten Dessertrezepte, die von modernen ausgefallenen Ideen bis hin zu echten Klassikern alles bieten, um ein anspruchsvolles Menü passend zu krönen.

REZEPTFOTOS: Matthias Hoffmann, Frauke Koops – Produktion, Styling, Foodstyling
KOCHKURSFOTOS: Peter von Felbert, Anne Eickenberg

WARENKUNDE

KOCHKURS

REZEPTE

KOCHKURS
Desserts

Grundlagen der Dessertzubereitung

Bereiten Sie Ihre süßen Kreationen nach ein paar einfachen Regeln der Dessertkunst zu.

BEGINNEN SIE MIT DER PLANUNG und überlegen Sie, was am besten zu Ihrem Hauptgang passt. Nach einem deftigen Fleischgericht eignet sich zum Beispiel ein leichtes Obstdessert, nach einem Hauptgericht mit Fisch oder Meeresfrüchten darf es auch eine gehaltvolle Creme oder Schokoladenkreation sein. Ist Ihre Hauptspeise etwas aufwendiger, wählen Sie ein Dessert, das Sie bereits am Vortag zubereiten können. Gebackenes oder Desserts aus der Pfanne sollten aber immer frisch serviert werden. Und Gerichte mit rohen Eiern nie länger als 24 Stunden gekühlt aufbewahren.

GERÄTE IN DER DESSERTKÜCHE

Die meisten Geräte wie diverse Backformen oder eine Terrinenform sind in jedem Haushalt vorhanden. Vielleicht schaffen Sie sich darüber hinaus eine Sorbertière sowie eine Auswahl an Formen und Förmchen (Seite 202) an. Wichtig sind eine exakte Waage, ein feines Sieb und ein guter Schneebesen. Einen Überblick über unverzichtbares Handwerkszeug finden Sie ab Seite 204.

GUTE PRODUKTE

Sie sind Grundvoraussetzung für ein gutes Dessert. Verwenden Sie nach Möglichkeit frisches Obst – Tiefkühlobst oder Früchte aus der Dose sind immer nur ein Behelf. Auch bei Nüssen, Mandeln, Kokosraspeln sollten Sie auf Frische achten. Bei Kuvertüre muss es jedoch nicht die teuerste Sorte sein. Alle unsere Rezepte gelingen mit normaler Haushaltskuvertüre aus dem Supermarkt.

Desserts garnieren

Eine Garnitur aus Schokolade (Seite 48) oder aus Zucker (Seite 54) macht jedes Dessert zu einer besonderen Kreation.

DESSERTS ANRICHTEN

Schaffen Sie sich einige hübsche Gläser, Schalen oder Teller an, darin sehen auch einfache Desserts schön aus. Sehr wirkungsvoll ist es, eine Creme, ein Eis oder Sorbet auf einem Fruchtsaucenspiegel (Seite 37) anzurichten oder – besonders raffiniert – in einem essbaren Schälchen aus Baiser bzw. Hippenteig (Seite 15 und 39).

Zum Stürzen von gelierten Desserts lösen Sie zunächst die Masse am Rand der Form entlang vorsichtig mit einem spitzen, aber nicht zu scharfen Messer. Dann einen Teller oder eine längliche Platte auf die Form legen, das Ganze umdrehen und die Form behutsam abheben.

Es ist am besten, das Eiweiß von Hand zu schlagen, da man durch die kreisenden Bewegungen reichlich Luft unterarbeiten kann, so dass der Eischnee die richtige Konsistenz erhält. Ein Tropfen Zitronensaft und eine Prise Salz helfen ebenfalls dabei.

Optimal geschlagenes Eiweiß glänzt wie Seide, und der Eischnee bildet am Schneebesen eine nach unten zeigende Spitze.

Grundlagen der Dessertzubereitung

Gute Desserts entstehen aus frischen Eiern und perfektem Eischnee – ebenfalls grundlegend ist der richtige Umgang mit Gelatine.

VIELE DESSERTS werden auf der Basis von Eiern zubereitet. Ganz wichtig ist, dass diese frisch sind, da Eier in der Dessertküche oft ungekocht verwendet werden. Oftmals ist außerdem die Größe der Eier von Bedeutung (S, M, L), daher ist sie bei den entsprechenden Rezepten angegeben.
Ein guter Koch nimmt aber auch das Eiweißschlagen ernst, denn Eischnee macht beispielsweise Cremes locker, leicht und luftig oder sorgt für die richtige Konsistenz von Baisers (Seite 14). Man kann Eischnee mit den Schneebesen des Handrührgerätes schlagen, der Profi schwört allerdings auf die manuelle Methode. Sieht das Rezept die Zugabe von Zucker vor, ist folgendes zu beachten: Lassen Sie die Zuckermenge jeweils in drei Portionen in die Eiweißmasse einrieseln, zwischendurch immer wieder schlagen. So haben Sie Ihren Eischnee besser »unter Kontrolle«.

GELATINE – KLASSISCHES GELIERMITTEL

Das am meisten verwendete Geliermittel in der Dessertküche ist Gelatine. Sie wird aus tierischem Eiweiß hergestellt. Pflanzliche Alternativen zum Binden und Gelieren sind Agar-Agar oder Johannisbrotkernmehl (Biobin). Wenn Sie diese Produkte verwenden, beachten Sie bitte die Anweisungen auf der Packung, da sie anders als Gelatine verarbeitet werden. Gelatine gibt es in Blatt- oder Pulverform. Der Profi bevorzugt die Blätter, weil diese sich besser portionieren lassen, während man für Pulver eine sehr genaue Küchenwaage benötigt.
Gelatine ist in der Dessertküche vielfältig einsetzbar. Bereits aus wenigen, einfachen Zutaten, etwa Englischer Creme (Seite 24), Obstsaft oder auch Wein, sowie einigen Aromaten wie Zucker, Vanillemark oder Zitronensaft entstehen durch Zugabe von Gelatine und nach einigen Stunden Kühlen schnittfeste Gelees oder Crèmes.

Auflösen von Gelatine

ist nur nötig, wenn sie in kalte Flüssigkeiten kommt. In heiße Massen kann Gelatine direkt nach dem Einweichen eingerührt werden. Gelatinepulver kann man sogar ohne vorheriges Einweichen in heiße Massen einrühren.

(1) Gelatineblätter einrollen und zum Quellen in einen Becher mit kaltem Wasser geben.

(2) Eingeweichte Gelatine erwärmen und auflösen. Ein Spritzer Alkohol oder Wasser hilft, dass die Gelatine sich gut auflöst.

(3) Anschließend die aufgelöste (leicht abgekühlte) Gelatine in eine kalte Masse, z. B. Eischnee rühren.

(4) Bei heißen (nie kochenden) Flüssigkeiten, z. B. Saft, muss Gelatine nicht unbedingt vorher einweichen.

Baiser

Aus Baiser entstehen Dekorationen oder auch kleine Gefäße – zum Beispiel für ein schönes Obstdessert.

BAISERMASSE besteht aus wenigen Zutaten und ist nach der hier beschriebenen Methode einfach herzustellen. Ein Patissier kennt weitere Zubereitungsarten, etwa die »Italienische Meringue«, bei der heißer Zuckersirup nach und nach unter das Eiweiß gearbeitet wird. So bekommt der Eischnee einen besseren Stand. Allerdings lohnt sich dieser Aufwand nur bei größeren Mengen.

GRUNDREZEPT

Bereiten Sie die Baisermasse mit den im Kasten rechts genannten Zutaten zu: Die Eiweiße in einer Edelstahlschüssel mit dem Schneebesen zu einem lockeren Schnee schlagen. Dann lassen Sie langsam den Zucker einrieseln, weiterschlagen, Puderzucker und Speisestärke unterheben. Die Masse in einen Spritzbeutel mit beliebig großer Tülle füllen und Formen (siehe die Anregungen rechts) auf ein mit Backpapier ausgelegtes Backblech spritzen. Diese im Backofen bei 100°C nach Sicht trocknen – sie sollen keine Farbe annehmen. Kleine Formen sind bereits nach 1 Stunde fest, größere brauchen länger.

TIPPS VOM PROFI

Schlagen Sie den oberen Rand des Spritzbeutels vor dem Einfüllen der Baisermasse um, so können Sie, wenn die Masse eingefüllt ist, die Krempe hochklappen und mit den Händen zusammendrücken, ohne dass oben etwas herausquillt.
Verwenden Sie Edelstahltüllen, diese geben den Baisers eine bessere Form als Tüllen aus Plastik.
Baisers sind fertig getrocknet, wenn sie leicht und nicht mehr klebrig sind.

Der Profi stülpt beim Einfüllen der Baisermasse die Krempe des Spritzbeutels einige Zentimeter um, damit später nichts herausquellen kann.

BAISERMASSE

GRUNDREZEPT

- 4 Eiweiße (Eier Größe M)
- 125 g Zucker
- 100 g gesiebter Puderzucker
- 15 g Speisestärke

(1) Die Baisermasse in einen Spritzbeutel füllen und den Beutel oben leicht zusammendrücken.

(2) Auf ein mit Backpapier ausgelegtes Backblech Baiser-Streifen, -Formen oder -Körbchen spritzen.

(3) Kuvertüre zum Überziehen von Baiserstücken über einem heißen Wasserbad temperieren (Seite 47).

(4) Getrocknete Baisers in die Kuvertüre tunken, auf Papier legen und die Schokolade fest werden lassen.

(5) So werden aus Baisers kleine Deko-Pilze: Hut auf den spitzen, in Kuvertüre getauchten Stiel stecken.

(6) Das kleine Pilzkunstwerk auf den unten breiten und flachen Fuß setzen, mit Kakaopulver bestauben.

(7) Für Linien- und Punkt-Dekorationen die Kuvertüre in eine Tüte aus Pergamentpapier füllen (Seite 46).

(8) Mit flüssiger Kuvertüre aus der Tüte feine Streifen auf die Baisers laufen lassen …

(9) … oder auch punktförmige Schokoladenmuster, beispielsweise auf Baiser-Ornamente tropfen.

(10) Fruchtige Kreation: Ein Körbchen aus Baiser mit Beeren füllen – dafür gemischte Beeren vorher …

(11) … in einer Mischung aus Himbeersauce, Himbeergeist und Puderzucker marinieren.

Biskuit

Biskuit als Grundlage für geschichtete Torten und Löffelbiskuit unterscheiden sich in Konsistenz und Zubereitungsweise.

(1)

WARM-KALT AUFGESCHLAGEN wird Biskuit vom Profi für eine lockere Biskuitmasse, auch »Wiener Masse« genannt, die Sie für geschichtete Desserts oder Torten mit raffinierter Füllung benötigen. Dabei erhält die Masse durch das Aufschlagen von Eiern und Zucker über dem nur leicht köchelnden Wasserbad zunächst Stabilität und entwickelt sich durch das anschließende Kaltschlagen (auf einem Eiswasserbad) zu einer feinporigen, luftigen Masse. Die Zugabe von – nach Belieben gebräunter – flüssiger Butter macht den Biskuit besonders saftig.

GRUNDREZEPT BISKUIT FÜR BISKUITBÖDEN (WIENER MASSE)

Bereiten Sie zuerst die braune Butter vor: 90 g Butter in einem Topf auf der heißen Kochstelle nussig braun werden lassen (Nussbutter) und beiseite stellen. Schlagen Sie 5 Eier, 2 Eigelbe und

WIENER MASSE & LÖFFELBISKUIT

(1) Für Biskuitboden-Masse die Eier mit Zucker über dem warmen Wasserbad aufschlagen, dann kalt rühren, bevor Mehl und Butter hinzukommen.

(2) Löffelbiskuitmasse mit einem Spritzbeutel auf das gefettete und bemehlte Blech spritzen.

(3) Die Stücke auf dem Blech vor dem Backen mit Puderzucker bestauben.

(4) Goldbraun gebackenen Löffelbiskuit noch warm mit einer Palette vom Blech nehmen und auf einem Kuchengitter auskühlen lassen.

150 g Zucker in einer Schüssel über dem warmen Wasserbad 5 bis 10 Minuten von Hand auf, bis die Masse gut handwarm ist. Anschließend die Schüssel in ein Eiswasserbad (mit Eiswürfeln gefüllte Schüssel) stellen und die Masse schlagen, bis sie Stand und Volumen hat. 150 g Mehl und 30 g Speisestärke darauf sieben und unterheben, zuletzt die Butter unterziehen.

Den Boden einer Springform (26 cm Durchmesser) mit Backpapier auslegen. Den Springformrand nicht buttern und bemehlen, nur so kann die Masse gut aufsteigen. Die Biskuitmasse einfüllen und im Backofen in etwa 35 Minuten bei 180 °C hellbraun backen, herausnehmen.

Den Biskuit in der Form auskühlen lassen. Schneiden Sie dann den Biskuitrand rundum mit einem Messer vom Springformrand, entfernen Sie den Ring, und stürzen Sie den Boden auf ein Kuchengitter. Das Backpapier abziehen und den Boden je nach weiterer Verwendung quer in zwei oder drei gleich dicke Böden schneiden. Der Profi verwendet dazu ein spezielles Biskuitmesser, es geht aber auch mit einem fein gezackten Messer mit langer Klinge.

FÜR LÖFFELBISKUIT wird die Masse kalt aufgeschlagen, also bei Zimmertemperatur, nicht über dem heißen Wasserbad. Eigelbe und Eiweiße werden außerdem getrennt voneinander aufgeschlagen. Dadurch entsteht eine leichtere Biskuitmasse als beim warm-kalten Aufschlagen.

GRUNDREZEPT FÜR LÖFFELBISKUIT

Schlagen Sie 4 Eiweiße zu steifem Eischnee, und lassen Sie dabei 80 g Zucker nach und nach einrieseln (Seite 13). Schlagen Sie in einer zweiten, weiten Schüssel 6 Eigelbe mit 40 g Zucker auf. Den Eischnee auf die Eigelbmasse geben. 70 g Mehl und 60 g Speisestärke darauf sieben und alles so behutsam unterheben, dass die Masse nicht an Volumen verliert.

Für dunkle Löffelbiskuits können Sie unter die Masse etwas Kakopulver mischen. Oder Sie teilen die Mengen und mischen unter die eine Hälfte das Kakaopulver; so können Sie aus einer Rezeptmenge dunkle und helle Löffelbiskuits backen.

Dann die Masse in einen Spritzbeutel mit glatter Tülle füllen und längliche Streifen mit verdickten Enden auf ein gebuttertes und leicht bemehltes Backblech spritzen. Mit Puderzucker bestauben und die Löffelbiskuits im auf 180 °C vorgeheizten Ofen (170 °C Umluft) in 8 bis 10 Minuten hellbraun backen.

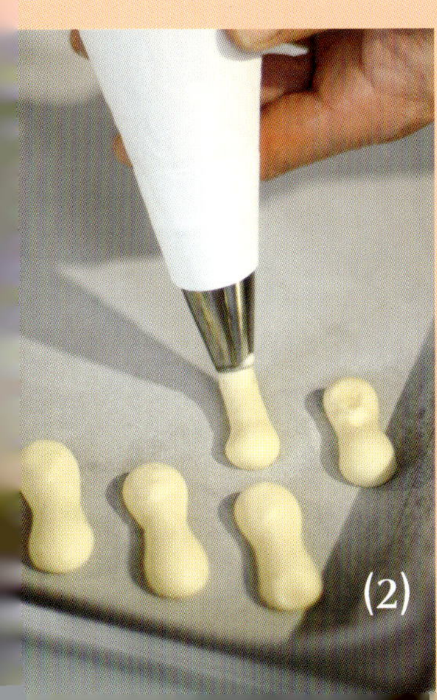

Brandteig

Ein feines Gebäck, das sich gut füllen lässt – mit raffinierten Cremes oder, wie der klassische Windbeutel, einfach mit frisch geschlagener, gesüßter Sahne.

FÜR DAS BRANDTEIG-GRUNDREZEPT benötigen Sie 125 g Butter, 250 ml Milch, 1 TL Zucker, 1 Messerspitze Salz, 1 Prise Muskat, 200 g Mehl, 6 Eier. Butter mit Milch, Zucker, Salz, Muskat bei starker Hitze in einem weiten Topf aufkochen. Geben Sie das Mehl auf einmal zu. Mit einem Holzlöffel rühren, wobei die Stärke im Mehl beginnt zu verkleistern. Das nennt man »abbrennen«, daher der Name »Brandteig«. Der Teig löst sich als Kloß vom Topfboden, dort bildet sich eine weißliche Schicht. Der Profi gibt den Teig jetzt zum Abkühlen in eine Schüssel – verhindert, dass die Eier, die nun einzeln untergerührt werden, gerinnen. Brandteig kann zu Profiteroles, Éclairs, Windbeuteln oder spanischen Churros (Rezepte Seite 180, 193), aber auch zu Ornamenten zum Dekorieren verarbeitet werden. Die hier angegebene Menge reicht für 12 bis 16 Portionen gefülltes Gebäck.

Schneiden Sie Brandteiggebäck immer sofort nach dem Backen auf, so bleibt es außen knusprig. Am besten geht das mit einem gezackten Messer.

(1)

(2)

(3)

BRANDTEIG RÜHREN

in drei Schritten

(1) **Das gesamte gesiebte Mehl** auf einmal in die kochend heiße Butter-Milch hineinschütten.

(2) **Mit dem Holzlöffel kräftig rühren,** bis sich der Teig als Kloß vom Topfboden löst.

(3) **Den Teig kurz abkühlen lassen,** dann die Eier nacheinander jeweils gut unterschlagen.

GEBÄCK AUS BRANDTEIG

WINDBEUTEL

Ofen auf 200 °C vorheizen (keine Umluft, der Teig verträgt keinen Zug). ½ Tasse Wasser auf den Ofenboden gießen. So entsteht Dampf, der das Gebäck gut aufgehen lässt. Brandteig in einen **Spritzbeutel mit großer Sterntülle** füllen. Spritzen Sie nicht zu dicht nebeneinander Rosetten auf das mit Backpapier belegte Blech. Die Windbeutel in 20 bis 30 Minuten (Mitte) goldbraun backen.

Schneiden Sie das Gebäck sofort mit einem Sägemesser auf, so kann es ausdampfen. Mit gesüßter Schlagsahne füllen, mit Puderzucker bestauben und servieren.

BRANDTEIGRINGE

Den Brandteig mit einem Spritzbeutel mit Sterntülle kreisförmig auf ein mit Backpapier ausgelegtes Blech spritzen und im auf 200 °C vorgeheizten Ofen 20 bis 25 Minuten backen, dann aufschneiden.

Als Füllung schmeckt **Kirschsahne** gut. Marinieren Sie dazu Sauerkirschen (aus dem Glas) nach Belieben einige Stunden vor der Zubereitung mit etwas Kirschwasser. Die abgekühlten Brandteigringe mit den Kirschen und geschlagener Sahne (etwa 500 g) füllen, die Oberteile mit einer Puderzuckerglasur bestreichen.

PROFITEROLES

Dafür spritzen Sie knapp walnussgroße Teigportionen auf das mit Backpapier belegte Blech und backen sie nur etwa 15 Minuten. Herausnehmen und auskühlen lassen.

Vanillecremefüllung: 125 ml Milch mit 2 Eigelben, 50 g Zucker und 1 EL Speisestärke verrühren. Vanilleschote auskratzen und mit 125 ml Milch zum Kochen bringen. Die angerührte Mischung einrühren, aufkochen, abkühlen lassen. 200 g steif geschlagene Sahne unterheben. Masse mit einem Spritzbeutel seitlich in die Profiteroles füllen, diese mit Karamell oder Schokolade glasieren.

ÉCLAIRS

Wegen ihr länglichen Form werden sie auch Liebesknochen genannt. Der Teig wird durch eine weite Sterntülle gespritzt, in 15 bis 20 Minuten goldgelb gebacken und die Stücke dann sofort quer durchgeschnitten.

Klassisch zu Éclairs: **Mokkasahne-Füllung.** Schlagen Sie 500 g Sahne mit 70 g Zucker steif. 2 Teelöffel in ganz wenig Wasser aufgelöstes Instant-Kaffeepulver untermischen, die Masse mit dem Spritzbeutel auf die unteren Gebäckhälften spritzen. Oberteile auflegen, nach Belieben mit Schokoladen- oder Zuckerglasur überziehen.

Crêpes

CRÊPES BACKEN

150 g Mehl mit 75 g Zucker, 375 ml Milch, 6 Eiern und 150 g gebräunter Butter zu einem glatten Teig rühren, zugedeckt etwa 1 Stunde ruhen lassen. Vor dem Backen nochmals gut durchrühren. Lassen Sie dann etwas Teig auf dem Boden einer Pfanne zerlaufen. Die Pfanne darf nicht zu heiß sein, sonst schlägt der Teig Blasen. Eine Seite goldgelb backen (dauert 30 bis 60 Sekunden), dann mit der Palette wenden (siehe rechts) und die andere Seite goldgelb backen. Fertige Crêpes aufeinander geschichtet zwischen zwei Tellern im Backofen warm halten.

MIT KUMQUAT-SAUCE ANRICHTEN

6 Kumquats waschen und in Läuterzucker 2:1 (Kasten Seite 139) weich kochen. 2 EL Zucker in einer Pfanne karamellisieren, mit 200 ml Orangensaft und 100 ml Grand Marnier ablöschen. Kumquats klein schneiden, mit 2 EL gehackten Pistazien zum Karamell geben. Rühren Sie 20 g kalte Butter in Flöckchen unter. Die Sauce kurz köcheln, dann die Kumquats mit filetierten Orangen (Seite 31) anrichten, mit 2 EL gehackten Pistazien, Minze und nach Belieben einer Kugel Vanilleeis garnieren. Die Crêpes durch die Sauce ziehen und dazulegen.

Eiscreme

Ob mit Karamellsauce und Hippen, im Eiskaffee oder zu heißen Früchten – Eiscreme harmoniert mit den verschiedensten Zutaten.

ENGLISCHE CREME ist die Basis von Milchspeiseeis wie beispielsweise Vanille- oder Schokoladeneis. Gehen Sie bei der Herstellung (siehe die Stepfolge rechts) sorgfältig vor, nur so wird die Creme richtig sämig:
Die Eigelb-Zucker-Mischung nicht zu heftig rühren, sie soll dickcremig, keinesfalls schaumig werden. Die ideale Konsistenz hat die Creme nach der Zugabe der Sahnemilch, wenn sie »zur Rose abgezogen« ist: Es zeigen sich auf dem mit Creme überzogenenen Kochlöffel beim Daraufpusten rosenblätterartige Wellen. Sie können die Konsistenz aber auch prüfen wie im Bild links gezeigt.
Die Masse muss vor dem Gefrieren abkühlen. Lassen Sie sie anschließend in 20 bis 30 Minuten in der Eismaschine gefrieren.
Wer keine Eismaschine besitzt, bereitet eine Parfaitmasse zu und gefriert diese im Tiefkühlgerät: Dazu die Englische Creme mit nur 300 ml Milch zubereiten. Unter die abgekühlte Creme 400 g steif geschlagene Sahne ziehen und die Masse für mehrere Stunden ins Tiefkühlgerät stellen.

Hier hat die Englische Creme die optimale Konsistenz: Wenn man durch die Saucenschicht auf dem Kochlöffel fährt, bleibt eine Spur stehen, deren Ränder kaum verlaufen.

ENGLISCHE CREME

(1) 1 bis 2 Vanilleschoten längs halbieren und das Mark mit dem Messer herausschaben.

(2) 500 ml Milch und 250 g Sahne mit Vanilleschoten und -mark aufkochen, Schotenstücke herausheben.

(3) Mit dem Schneebesen 7 Eigelbe (Größe M) mit 200 g Zucker hellgelb und cremig rühren.

(4) Die heiße Milch-Sahne-Mischung unter Rühren zur Eigelbcreme gießen.

(5) Auf dem heißen Wasserbad rühren, bis die Eier binden (Test siehe das Bild auf der linken Seite).

(6) Um eventuelle Klümpchen zu entfernen, die Englische Creme durch ein Haarsieb gießen.

Mit diesen Zutaten können Sie auch Karamelleis herstellen: Den Zucker karamellisieren, mit der Sahne-Vanille-Milch aufkochen, zur ungesüßten Eigelbcreme gießen usw.

Eis portionieren und servieren

Eis auf Basis von Englischer Creme ist gut formbar und – ob als Nocken im Kaffee, als Kugelpyramide oder in Scheiben geschnitten – es behält auch bei Zimmertemperatur eine Weile seine Form.

LASSEN SIE EIS immer eine Zeit lang antauen, bevor Sie es portionieren. Es sollte eine weiche Konsistenz haben. So lässt sich das Eis gut schneiden oder formen, zudem entfaltet es erst seinen vollen Geschmack, wenn es nicht mehr tiefgefroren ist.
Stellen Sie für Messer und Kugelportionerer mit heißem Wasser gefüllte Bechergefäße bereit, in die Sie die Geräte zwischen dem Schneiden bzw. Formen der einzelnen Portionen immer wieder eintauchen. Auch das ist in zweierlei Hinsicht hilfreich: Mit warmen Geräten können Sie die gefrorene Masse leichter abstechen und schneiden. Außerdem reinigt das Wasser die Geräte von Eisresten, so dass Sie nacheinander verschiedene Eissorten sauber portionieren können.
Dekorieren Sie das Eisdessert zuletzt nach Belieben mit Waffeln, Sahne, Krokant, gesponnenem Zucker oder Früchten, und servieren Sie es in dekorativen Gläsern oder Schälchen.

SORBET & GRANITÉ

SORBET ZUBEREITEN

Sorbets stellen Sie aus Fruchtmus oder -saft, Zucker und etwas Wasser, Wein, Champagner, Sekt oder anderen Alkoholika her. Alles mischen und in der Eismaschine oder im Tiefkühlgerät gefrieren (siehe rechte Spalte).

Für **Himbeersorbet** pürieren Sie aufgetaute tiefgefrorene oder frische Beeren mit Zucker im Verhältnis 2 : 1. Etwas Zitronensaft und so viel Wasser und Himbeergeist zugeben, dass das Mus leicht mit dem Schneebesen zu rühren ist. Achtung: Weder der Zucker- noch der Alkoholanteil darf zu hoch sein, sonst gefriert die Mischung nicht.

GEFRIEREN UND ANRICHTEN

Die Mischung in der **Eismaschine** in 5 bis 20 Minuten gefrieren – oder in einer breiten Schüssel im Tiefkühlgerät: Nach etwa 30 Minuten, wenn die Oberfläche leicht gefroren ist, kräftig umrühren. Weitergefrieren lassen. Diesen Vorgang so oft wiederholen, bis das **Sorbet** die gewünschte Konsistenz hat (nach 2 bis 2 ½ Stunden). Je öfter Sie rühren, desto geschmeidiger wird das Sorbet, es dauert dann aber länger, bis es fest ist.

Das Sorbet in kleinen Schälchen servieren oder im Glas mit Champagner, Prosecco oder Sekt aufgießen.

GRANITÉ HERSTELLEN

Ein Granité entsteht aus den **gleichen Zutaten** wie ein Sorbet, aber man rührt weniger. Dadurch bilden sich beim Gefrieren gröbere Kristalle: Das Wort Granité kommt vom italienischen »grano«, was Korn bedeutet. Je höher der Wasseranteil, desto körniger wird ein Granité.

Zum Gefrieren wird die Mischung in eine flache Schale gefüllt (etwa eine Auflaufform) und ins Tiefkühlfach gestellt. Wenn die Flüssigkeit zu gefrieren beginnt, mit einer Gabel durchstochern. Je nachdem, wie fein die Körnung sein soll, den Vorgang mehrmals wiederholen.

GRANITÉ ANRICHTEN

Zum Beispiel **Erdbeergranité:** Dafür eine Mischung aus Erdbeersauce (pürierte und nach Belieben passierte Erdbeeren), ein wenig Sekt und Limettensaft sowie etwas Puderzucker zubereiten und wie beschrieben gefrieren.

Das Granité in hübsche Gläser füllen und beispielsweise mit Minzeblättchen, einer Himbeere und einer Schokospirale (Seite 48) dekorieren.

Exotisches Obst und Südfrüchte

Viele südländische Früchte sind allein optisch bereits ein Genuss und eignen sich daher als wohlschmeckende Dekoration für Desserts.

WENN SIE NUR WENIG ZEIT haben und dennoch nicht auf ein Dessert zum Abschluss Ihres Menüs verzichten möchten, dann können Sie immer einen Obstsalat aus südländischen Früchten, vielleicht mit etwas gesüßter flüssiger Sahne oder einer Mascarponecreme, reichen. Ob Ananas, Mango oder Melone – alle diese Früchte sind schnell vorbereitet und sehen dekorativ aus.

Als Garnitur für jede Art von Dessert, vor allem aber zu Eis und Cremes, eignen sich in Zuckersirup weich gekochte Zesten (Schalenstreifen) von Zitrusfrüchten (siehe Seite 55). Nehmen Sie dafür Bio-Früchte, nur bei ihnen ist die Schale zum Verzehr geeignet. Ebenfalls hübsch sind Scheiben von Karambolen oder Granatapfelkerne.

EINKAUF UND LAGERUNG

Früchte aus tropischen und subtropischen Regionen gibt es auch im Supermarkt zu kaufen. Achten Sie aber besonders bei diesem Obst, das meist schon einen weiten Weg hinter sich hat, auf Qualität. Lassen Sie sich am besten von einem Obsthändler beraten. Viele exotische Früchte werden in unreifem Zustand geerntet und müssen während des Transports nachreifen. Andere können nur reif geerntet werden. Wird das Obst auf dem Weg zum Verbraucher falsch behandelt, beeinträchtigt das wesentlich Geschmack und Aroma. Preisgünstige Exoten, die noch unreif angeboten werden, sollten Sie daher besser nicht kaufen.

Schälen Sie eine reife Feige, indem Sie sie mit einem Tourniermesser an der Spitze einschneiden und vorsichtig die äußere Haut abziehen.

GERÄTE UND UMGANG MIT OBST

- Fadenschneider (Zestenreißer): mit kleinen, scharfkantigen Lochungen für feinste Zitrusschalenstreifen.
- Kugel- und Parisienne-Ausstecher: zum Auslösen von Fruchtfleisch in runder bzw. ovaler dekorativer Form.
- Sparschäler: damit kann auch dünnschaliges Obst gut geschält werden.
- Fruchtentkerner: zum leichten Aushöhlen von verschiedenstem Obst.

(1) Granatapfel halbieren, Hälften auseinander biegen, Kerne herausfallen lassen, Weißes entfernen.

(2) ... oder – wenn Granatapfelsaft benötigt wird – Kerne mit Hilfe der Saftpresse aus den Hälften pressen.

(3) Von der Karambole mit einem Tourniermesser braune Ränder an den Zackenenden abschneiden.

(4) Dann die Karambole quer in dünne Scheiben schneiden. Sie eignen sich gut als Garnitur.

(5) Mango entlang des Steins längs abschneiden und die Fruchtbacke rautenförmig einschneiden.

(6) Die Schale umstülpen, so dass das Fruchtfleisch in Rauten nach außen gedrückt wird.

(7) Oder die Mango rundherum schälen und Fruchtfleisch bis zum Stein in Scheiben abschneiden.

(8) Zum Filetieren einer Orange die Schale mitsamt der weißen Haut großzügig abschneiden.

(9) Das Fruchtfleisch zwischen den Fruchthäuten in Segmente schneiden und herauslösen.

(10) Restliche Frucht mit der Hand über einem Sieb (wegen eventueller Kerne) auspressen, Saft auffangen.

(11) Von Bio-Zitrusfrüchten die Schale mit einem Zestenreißer in langen Streifen abziehen.

EINE ANANAS VORBEREITEN

(1) »In dieser Bildfolge wird am Beispiel einer Mini-Ananas gezeigt, wie man ein Ananaskörbchen herstellt, in dem das Fruchtfleisch in mundgerechten Happen serviert werden kann. Dazu zunächst die Frucht mit der Blattkrone längs vierteln.

(2) Lösen Sie nun von den Ananasvierteln jeweils das Fruchtfleisch heraus, ohne die mittlere Achse der Ananas vom Schalenteil abzutrennen. Dazu mit einem scharfen Messer zunächst innen entlang der Mittelachse bis kurz vor das untere Ende schneiden.

Vom Stielansatz bis zu den Blattspitzen kann eine Ananas 50 cm hoch und bis zu 4 kg schwer werden. Ananas gibt es in jedem Supermarkt zu kaufen, sie werden vor allem aus afrikanischen oder südamerikanischen Ländern importiert. Feinkostläden und Obstgeschäfte bieten außerdem Baby- oder Mini-Ananas an (Fotos oben). Sie sind nur etwa 12 cm groß, wiegen höchstens 500 g und sind ideal, falls Sie nur eine kleine Menge Ananas für ein Rezept oder einen Obstsalat brauchen.

QUALITÄT UND LAGERUNG

Die harte grünlich- bis gelbbraune Schale der Ananas ist ungenießbar, gibt aber Aufschluss über die Qualität der Frucht: Je ausgeprägter das Relief der »Augen« und je kleiner diese sind, um so aromatischer, süßer und saftiger schmeckt das leicht faserige Fruchtfleisch, das je nach Sorte von gelber bis rötlicher Farbe ist. Eine reife Ananas erkennen Sie außerdem an ihrem intensiven Duft, der am besten am Stielansatz wahrzuneh-

(3) Dann das Ananasfruchtfleisch beidseitig – das Messer jeweils bis zur Mitte hin einstechend – von der Schale wegschneiden. Verfahren Sie dabei nicht zu großzügig, denn direkt unter der Schale sitzt das aromatischste Fruchtfleisch.

(4) Schneiden Sie nun das herausgelöste Fruchtfleisch quer in gleichmäßige Stücke. Diese wieder zurück auf die Ananasschalen setzen, etwas gegeneinander versetzen, damit sie besser zu fassen sind, und so servieren. Eignet sich sowohl für Portions-Desserts als auch für ein Buffet.

men ist. Lagern Sie Ananas kühl und trocken bei etwa 8 °C, also nicht im Kühlschrank.

ANANAS IN DER DESSERTKÜCHE

Da sie so gut schmecken und außerdem dekorativ sind, können Sie Ananas in der Dessertküche vielseitig einsetzen. Verwenden Sie die Früchte am besten frisch und pur oder in Obstsalaten oder Kompotten. Beachten Sie aber, dass Cremes, die mit Gelatine und frischer (ungegarter) Ananas zubereitet werden, aufgrund der Wirkung des in der Ananas enthaltenen Enzyms Bromelain nicht richtig fest werden. Verwenden Sie in diesem Fall besser das pflanzliche Geliermittel Agar-Agar. Möchten Sie eine Ananas als Dekoration verwenden, können Sie zum Beispiel eine große Frucht mit der Krone halbieren, aushöhlen und als Schale für ein Dessert verwenden. Wie große oder kleine Ananas ansprechend serviert werden können, wird auf den Fotos oben gezeigt.

Fruchtsaucen

COULIS wird die passierte Grundlage für Suppen und Saucen jeglicher Art genannt. Sie kann aus dem Saft von Fleisch oder Fisch ebenso wie aus konzentriertem Frucht- oder Gemüsesaft bzw. -püree bestehen. In der Dessertküche kommen insbesondere rohe Fruchtcoulis zur Verwendung. Sie passen beispielsweise hervorragend zu Desserts auf Milch- und Eierbasis wie Panna Cotta (Seite 110), Bayerische Creme (Kasten Seite 99) oder Vanilleeis. Bildet dabei die Coulis die »Unterlage« für das dekorativ darauf angerichtete Dessert, spricht der Profi von einem Saucenspiegel.

FRUCHTCOULIS ZUBEREITEN

Eine Coulis können Sie aus fast jedem Obst zubereiten, wobei sich vor allem Beeren gut eignen – diese brauchen Sie nur zu pürieren und dann zu passieren. Das gilt auch für Obst aus der Dose oder dem Glas. Festeres Obst wie z. B. Ananas wird vor dem Pürieren klein geschnitten.
Ideal und farblich sehr schön sind auch Exoten wie Mango oder Kiwi, deren Fruchtfleisch ebenfalls nur püriert und durch ein Haarsieb passiert wird. Unter eine Coulis können Sie je nach Geschmack etwas Puderzucker (er verbindet sich besonders gut mit dem Fruchtpüree), Likör bzw. Zitronen- oder Limettensaft rühren.
Viele schöne Anrichtemöglichkeiten ergeben sich, wenn Sie, wie auf den folgenden Seiten gezeigt, verschiedene farbige Fruchtsaucen zubereiten.

Verwenden Sie für das Passieren von Fruchtpürees ein feines Haarsieb und einen breiten Stößel. Alle groben Teile bleiben zurück, und es entsteht eine feine Coulis.

Profitipp zum Thema Bereiten Sie am besten mehrere und verschiedenfarbige Fruchtsaucen gleichzeitig zu. Das spart Zeit und eröffnet Ihnen die Möglichkeit, Desserts auf mehrfarbigen Saucenspiegeln herzustellen (siehe die Beispiele auf Seite 37). Schaffen Sie sich dafür einige Dosierflaschen an, denn damit lassen sich die Saucen am besten akkurat aufbringen. Dosierflaschen in allen Größen erhalten Sie im Fachhandel. Bewahren Sie die Fruchtsaucen bis zur Verwendung in einem luftdichten Behälter im Kühlschrank auf. Dort halten Sie sich mehrere Tage. Wer Fruchtcoulis länger lagern möchte, kann sie auch gut einfrieren. Ideal sind Portionen von etwa 250 ml. Die Saucen nach dem Auftauen – ebenso wie nach dem Lagern im Kühlschrank – immer gut durchrühren, damit sie eine homogene Konsistenz haben.

Fruchtsaucen

Fruchtcoulis zu mixen, passieren und in allerlei Formen zu verziehen ist keine Kunst, doch das Ergebnis sieht professionell aus.

FARBIGE FRUCHTSAUCEN eignen sich hervorragend für Dessert-Garnituren. Sie sehen nicht nur schön aus, sondern bilden mit ihrem fruchtigen frischen Geschmack das ideale Gegengewicht zu Cremes und Eis.

Wenn Sie Fruchtcoulis aus verschiedenen Obstsorten kombinieren möchten, sollten Sie diese unbedingt getrennt voneinander pürieren und darauf achten, dass sie eine ähnliche Konsistenz haben, damit sie beim Dekorieren nicht ineinander fließen. Grundsätzlich sollten Fruchtcoulis nicht zu flüssig sein.

Verwenden Sie zum Auftragen der Saucen am besten Dosierflaschen aus Plastik oder Spritztüten aus Pergamentpapier. Letztere können Sie leicht selbst herstellen (Seite 37 Step 5 und 6). Durch die abgeschnittene Spitze der Pergamenttüte lassen sich filigrane Linien aufspritzen. Für Muster wie Linien oder Punkte auf den Fruchtsaucen eignen sich Milchprodukte wie Joghurt mit hohem Fettgehalt oder Crème fraîche, die Sie mit Puderzucker oder Zuckersirup süßen können.

Desserts auf Milchbasis wie zum Beispiel eine Panna cotta sehen auf einem Fruchtsaucenspiegel äußerst dekorativ aus – wie in der Profiküche.

MIT FRUCHTSAUCEN GARNIEREN

(1) Auf Mangosauce mit der Dosierflasche Punkte von Crème fraîche und einer dunkleren Sauce aufbringen.

(2) Mit einem Stab eine Linie durch die aufgesetzten Punkte ziehen.

(3) Oder z. B. mit dem etwas dickeren Ende des Mixer-Rührbesens aus einer kreisförmigen Umrandung Muster verziehen.

(4) Für einen bunten Saucenspiegel haben idealerweise alle Saucen die gleiche Konsistenz.

(5) Für eine Spritztüte Pergament in ein ungleichschenkliges Dreieck schneiden, aufrollen ...

(6) ... Rand oben umknicken, Sauce einfüllen, Spitze abschneiden.

Füllen Sie die Fruchtsauce mit Hilfe eines Trichters in die Dosierflaschen ein, und stellen Sie diese bis zur Verwendung in den Kühlschrank.

HIPPENSCHIFFCHEN

(1) Die Schiffchenschablone mit Hilfe einer Winkelpalette vollständig und gleichmäßig mit Hippenmasse ausstreichen. Nach Belieben am Rand des Teiges einen Streifen Kakao-Hippenmasse aufspritzen (Herstellung der Spritztüte siehe Seite 37). Den Teig wie im Grundrezept beschrieben backen.

(2) Die Hippenteigstücke noch warm mit einer Palette vom Blech heben und in Schiffchenformen legen. Mit den Fingern leicht hineindrücken, dann mit Hilfe eines zweiten Metallschiffchens in Form bringen.

Hippen

Klassische Eisbecher sind oft von Hippenröllchen und -fächern gekrönt. Doch mit dem knusprig-zarten Waffelgebäck lassen sich noch mehr köstliche Dinge zubereiten.

UNMITTELBAR NACH DEM BACKEN ist Hippengebäck noch weich und formbar. So kann man das heiße Gebäck aufrollen, -drehen, über Schälchen stülpen und damit zu Körbchen formen oder auch – wie auf Seite 118 gezeigt – zu essbaren Esslöffeln machen. Beim Abkühlen erstarrt der Teig dann. Im Folgenden wird die Herstellung von Hippenschiffchen als essbares Schälchen für Obst- und Eisdesserts gezeigt. Dazu benötigen Sie mehrere Schiffchenformen aus Metall, die Sie im Fachhandel bekommen.

HIPPENSCHABLONEN HERSTELLEN

Schneiden Sie eine dünne Schablone mit dem großzügig bemessenen Umriss des Schiffchens. Als Material eignen sich Plastikdeckel von Lebensmittelbehältnissen oder auch Moosgummi (Fachhandel für Bastelbedarf). Belassen Sie beim Zuschneiden am Rand ausreichend Fläche zum Festhalten und Niederdrücken der Schablone.

GRUNDREZEPT HIPPENMASSE

Bereiten Sie eine Masse aus 100 g Marzipanrohmasse, 50 g feinst gemahlenen Mandeln, 100 g Puderzucker, 1 Ei, 2 Eiweißen, 40 g Mehl, 2 EL Sahne, 1 Prise Salz und etwas Zimt. Wenn Sie besonders dekorative zweifarbige Hippen backen möchten, nehmen Sie nun vom Hippenteig etwa 2 Esslöffel ab. Färben Sie diese Portion mit ein wenig Kakao dunkel (darüber sieben und unterrühren).
Damit Sie unbehindert mit der Palette arbeiten können, nehmen Sie als Backfläche am besten die Backblech-Unterseite, die Sie fetten und mehlen. Streichen sie den Teig wie unten links beschrieben in die Schablonenform. Im auf 185 °C vorgeheizten Ofen in 8 bis 10 Minuten hellbraun backen.

(1)

(2)

Mürbeteig zubereiten

Mürbeteig sollte zügig verarbeitet werden, damit er nicht warm wird. Darum verwendet der Profi Teigkarten zum Mischen der Zutaten.

TARTES, TÖRTCHEN und anderes gefülltes Gebäck werden in der Dessertküche aus Mürbeteig hergestellt. Sie können beliebige Mengen dieses Teiges nach der Formel 1 – 2 – 3 zubereiten: 1 Teil Zucker, 2 Teile Fett, 3 Teile Mehl. Der Zucker, am besten Puderzucker, macht den Teig besonders mürbe. Ist der Mürbeteig etwas zu trocken, kneten Sie ein wenig Wasser unter oder geben 1 Ei zu (siehe das Rezept unten).

GRUNDREZEPT

Für eine Springform von 26 cm Durchmesser oder 12 kleine Tartelettförmchen benötigen Sie 100 g Puderzucker, 200 g kalte Butter in Würfeln, 300 g Mehl, 1 Ei, 1 Prise Salz. Geben Sie das Mehl auf die Arbeitsfläche, obenauf die übrigen Zutaten. Mischen Sie die Zutaten zunächst mit Hilfe von zwei Teigkarten gut. Dann verkneten Sie alles, eventuell unter Zugabe von etwas Wasser, rasch zu einem geschmeidigen Teig, formen eine Kugel und stellen den Teig auf einem Teller mit Folie bedeckt etwa 30 Minuten kühl. Dann den Teig auf etwas Mehl dünn ausrollen und in die Form bzw. die Förmchen legen. Schneiden Sie die Ränder mit einer Palette (siehe das Bild links) oder einem Messerrücken glatt. Teigboden an mehreren Stellen mit der Gabel einstechen.

BLINDBACKEN

Nur bei ganz kleinen Förmchen muss Mürbeteig nicht blindgebacken werden. Alle anderen Formen legen Sie wie oben beschrieben erst mit Teig, dann mit Backpapier aus. Geben Sie getrocknete Hülsenfrüchte wie Linsen oder Erbsen auf das Papier, und backen Sie den Teig bei 180 °C 10 bis 12 Minuten. Herausnehmen, Papier und Hülsenfrüchte entfernen. Nun ist der Mürbeteigboden vorgebacken und kann, wenn die Füllung hineinkommt, nicht mehr so schnell durchweichen.

FÜLLUNG

Klassisch und köstlich ist Zitronencreme-Füllung: 3 Eier, 100 g Zucker, Saft und 2 EL fein abgeriebene Schale von 2 Bio-Zitronen mischen, 120 g steif geschlagene Sahne unterheben, in die Mürbeteigformen füllen und im Backofen bei 160 °C 30 bis 45 Minuten backen. Richtig professionell vollenden Sie das Dessert, wenn Sie es danach mit braunem Zucker bestreuen und diesen unter dem Grill oder mit dem Brenner (Seite 153) karamellisieren.

AUFBEWAHRUNG

Mürbeteig lässt sich gut vorbereiten, denn er hält sich 1 bis 2 Tage in einer luftdichten Dose im Kühlschrank. Sie können ihn auch einfrieren.

MÜRBETEIG

(1) Zum Mischen der Zutaten eignen sich Teigkarten aus Plastik, die es im Haushaltsfachgeschäft zu kaufen gibt.

(2) Zum Blindbacken wird eine Schicht Hülsenfrüchte auf den mit Backpapier belegten Teig in der Form gegeben.

(3) Nach dem Blindbacken die Füllung (hier Zitronencreme) in den Mürbeteigboden streichen und das Törtchen fertig backen.

Sabayon

Was in Frankreich Sabayon heißt, ist in Italien eine Zabaione und bei uns eine Weinschaumcreme. Gleich, wie man sie nennt: Luftig und schaumig sollte sie sein.

EINE KLASSISCHE französische (Sauce) Sabayon wird aus 3 frischen Eigelben, 100 g Zucker und 125 ml trockenem Weißwein zubereitet. Verrühren Sie die Eigelbe in einer Wasserbadschüssel mit dem Zucker zu einer cremigen Mischung. Dann die Schüssel auf ein heißes Wasserbad stellen und den Wein dazugießen. Die Mischung mit dem Rührbesen schaumig schlagen, bis die Masse steht. Das geschieht erst bei einer Temperatur von 70°C, daher nicht zu bald mit dem Schlagen aufhören. Dass die Masse nach und nach Stand bekommt, spüren Sie sehr gut, wenn Sie mit dem Handrührbesen arbeiten. Die Schüssel sofort vom Wasserbad nehmen und die Sabayon entweder sofort noch warm servieren oder auf einem Eiswürfelbad wieder kalt schlagen.
Auf die beschriebene Weise können Sie auch eine Sabayon mit Rotwein oder Fruchtsaft zubereiten.

Die Sabayon noch warm in Gläser füllen oder auf einem Eiswasserbad wieder kalt schlagen. In jedem Fall sofort servieren.

(1)

(2)

(3)

SABAYON

eine luftige Sache

(1) **Eigelbe und Zucker** cremig verrühren, dann den Wein dazugießen.

(2) **Über dem Wasserbad** mit dem Rührbesen möglichst viel Luft in die Masse schlagen.

(3) **Die Sabayon ist fertig,** wenn die Masse Stand bekommen hat.

Schokolade in der Dessertküche

Schokolade ist Zutat für Cremes, Saucen, Gebackenes und wie geschaffen für effektvolle Garnituren.

KUVERTÜRE IST DIE bevorzugte Schokoladenart für Desserts und Patisserie. Sie unterscheidet sich von normaler, zum Purverzehr bestimmter Schokolade durch ihren höheren Gehalt an wertvoller Kakaobutter. Das bei Raumtemperatur feste Kakaofett ist für die Dünnflüssigkeit der geschmolzenen Schokolade verantwortlich. Es sorgt also dafür, dass man mit Kuvertüre schöne Überzüge, etwa von Petits Fours oder Früchten herstellen kann. Mindestens 31 % Kakaobutter muss eine Kuvertüre enthalten, normale Schokolade dagegen nur mindestens 18 %.

DESSERTS MIT SCHOKOLADENAROMA

Zur Herstellung von Schokoladensaucen, Mousse au Chocolat, Schokoladeneis und -Cremefüllungen können Sie aber in jedem Fall auch normale Schokolade verwenden. Denn hier geht es nicht um die Fließfähigkeit der Schokolade, sondern vor allem um den Geschmack. Sie können daher ganz nach persönlichen Vorlieben auch hochwertige aromatisierte Schokoladensorten nehmen.

SCHOKOLADENGARNITUREN

Mit flüssiger Kuvertüre können Sie nicht nur überziehen, sondern auch attrative Dekorationen herstellen, z. B. Schokoladensegel, Schokoladensplitter oder gespritzte Garnituren (siehe Seite 48). Auch zweifarbige Schokoladengarnituren wie auf Seite 160 zu sehen, können Sie selber machen: Zunächst flüssige dunkle Kuvertüre dünn auf Backpapier verstreichen, etwas anziehen lassen. Nun ziehen Sie eine gezahnte Teigkarte (Zahnspachtel) durch die Fläche und lassen die Schokoladenstreifen fest werden. Etwas geschmolzene weiße Kuvertüre darauf gießen, mit einer Teigkarte glatt streichen, so dass die dunklen Schokoladenstreifen wieder sichtbar sind. Nach dem Erstarren können Sie die gestreifte Schokolade in beliebige Formen schneiden.

Kuvertüre portionieren

Der Profi verwendet für Schokoladenüberzüge Kuvertüre in Form großer Linsen. Sie sind besonders praktisch zu portionieren. Das erreichen Sie aber auch, wenn Sie Kuvertüre am Stück einfach mit einem großen Messer mittelgrob hacken.

Mit dem Rücken eines kleinen, stabilen Messers können von einem Block Schokolade ganz einfach und schnell zarte Schokoladenspäne abgeschabt werden: Ziehen Sie das Messer mit der zum vorderen Ende hin gerundeten Stelle des Rückens mit ausreichend Druck zügig über die Fläche.

Umgang mit Kuvertüre

Schokolade, mit der Desserts umhüllt, vollendet und verziert werden sollen, bedarf ganz besonderer Sorgfalt bei der Vorbereitung.

WEIL DIE ZUTATEN sorgfältig miteinander vermischt sind, ist Kuvertüre so zart und glänzend. Möchte man mit Kuvertüre überziehen, zerstört man diese Verbindung der Rohstoffe zunächst. Beim Schmelzen der gehackten Kuvertüre – Profis arbeiten mit Drops (Step 1 rechts) – trennen sich Kakaobutter, Kakaotrockensubstanz und Zucker. Ließe man die Kuvertüre nun einfach wieder erstarren, würden sich auf der Oberfläche Schlieren oder eine Art Reif bilden – Zeichen dafür, dass sich die Grundbestandteile entmischt haben.
Für appetitlich glänzende Schokoladenüberzüge und -garnituren muss man in einem weiteren Arbeitsschritt die entmischten Zutaten wieder miteinander in Verbindung bringen. Zu diesem Zweck wird die Kuvertüre mithilfe eines digitalen Thermometers »temperiert« wie auf Seite 47 gezeigt: Schmelzen Sie die Schokolade und lassen Sie sie dann auf 25 °C abkühlen, erwärmen Sie sie anschließend unter Rühren wieder auf 32 °C. Bei dieser Temperatur verbinden sich die Schokoladenrohstoffe wieder perfekt miteinander.

Für gespritzte Dekorationen füllen Sie die flüssige Kuvertüre in eine selbst gefertigte Spritztüte (siehe Seite 37) oder in einen Gefrierbeutel, von dem Sie dann eine der unteren Ecken abschneiden.

KUVERTÜRE SCHMELZEN UND VERARBEITEN

(1) Kuvertüre auf dem Wasserbad schmelzen – darauf achten, dass 40 °C nicht überschritten werden.

(2) Die Kuvertüre unter Rühren auf 25 °C abkühlen lassen, d. h., bis sie am Rand beginnt, fest zu werden.

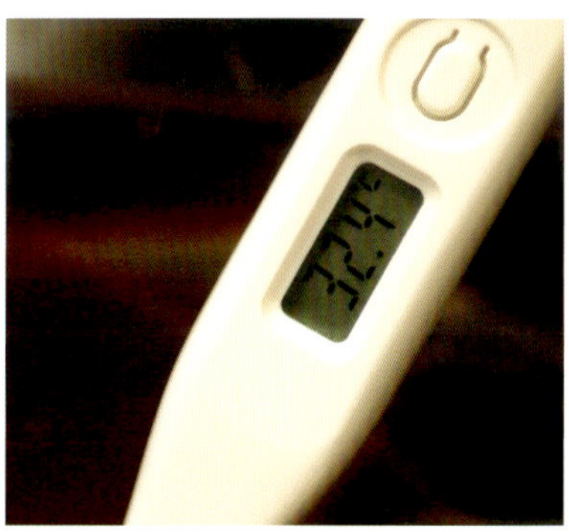

(3) Anschließend die Kuvertüre wieder auf 32 °C erwärmen. Dann ist sie fertig zur Verarbeitung.

(4) Zur Herstellung von flachen Schokoladenformen die geschmolzene Kuvertüre auf Backpapier gießen.

(5) Kuvertüre mit der Palette dünn verstreichen. Anziehen lassen und Formen schneiden oder ausstechen.

(6) So wie links beschrieben wird auch Kuvertüre zum Überziehen von Petits Fours geschmolzen.

Ob die geschmolzene Kuvertüre auf etwa 25 °C abgekühlt ist, können Sie auch fühlen: Die Schokolade am Rührlöffel fühlt sich – kurz an die Unterlippe getupft – kühl an.

GARNITUREN MIT SCHOKOLADE

SCHOKO-GITTERTROPFEN

Geschmolzene Kuvertüre lässt sich in warmem Zustand gut formen, und so können Sie mit etwas Fingerfertigkeit ganz besondere Schokoladendekorationen herstellen: tropfenförmige Gitter, die an Obst, Creme- oder Eis-Desserts angelegt werden oder nach Belieben auch gefüllt werden können – etwa mit Beeren.

Für die Herstellung schmelzen Sie Kuvertüre wie auf Seite 46/47 beschrieben und gezeigt. Inzwischen legen Sie auf Pergamentpapier (oder Backpapier) mehrere etwa 15 cm lange und 3 bis 4 cm breite Streifen fester Folie aus. Die gibt es im Haushaltsfachgeschäft, alternativ können Sie Folie von Prospekthüllen nehmen.

Geben Sie die flüssige Schokolade in eine Spritztüte, und ziehen Sie schräge Linien in engem Abstand über die Folienstreifen. Dasselbe auch in der anderen Richtung durchführen, so dass ein Kreuzmuster entsteht.

Lassen Sie die Schokolade etwas anziehen, nehmen Sie dann die Folienstreifen vorsichtig auf. Klemmen Sie die Enden – Schokoladenseite nach außen – mit einer Büroklammer zusammen. Die Schokolade vollständig erstarren lassen, bevor Sie sie behutsam von der Folie lösen.

SCHOKOLADENSEGEL

Großflächige und dünne geometrische Schokoladenformen eignen sich besonders gut zum Dekorieren von Mousses, Cremes und Eis. Denn in diese Massen können Sie aufrecht hineingesteckt werden.

Für die Herstellung verstreichen Sie geschmolzene Kuvertüre wie auf Seite 47 in Step 5 gezeigt auf Pergament- oder Backpapier. Die Schokolade etwas anziehen lassen, dann mit einem Messer in Rechtecke, diese mit einem schrägen Strich in Dreiecke teilen. Vor dem Zerteilen vollständig erstarren lassen.

SCHOKOLADENBRUCH

Auch unregelmäßig gebrochene Schokolade ist ein dekorativer Blickfang auf dem Dessertteller. Umso mehr, wenn Sie wie hier mit Kaffeebohnenbruch »gespickt« ist (siehe auch das Rezept auf Seite 100).

Dafür die geschmolzene Kuvertüre mit der Palette 2 bis 3 Millimeter dick ausstreichen (siehe Seite 47 in Step 5). Bestreuen Sie sie dann sofort mit grob gehackten Kaffeebohnen. Lassen Sie die Schokoladenplatte im Kühlschrank vollständig erstarren, und brechen Sie sie dann mit sanftem Druck von Hand in grobe Stücke.

Soufflé

Ob mit Vanille, Früchten, Zitrone oder mit Kakao aromatisiert – ein Soufflé ist ein wunderbar leichter und luftiger Abschluss eines Menüs.

EISCHNEE SORGT FÜR die luftige Fülle eines Soufflés. Die schaumige Masse geht im Ofen hoch auf, weil sich durch die Hitze die in den Eischnee eingearbeitete Luft ausdehnt. Durch das aus der Masse verdampfende Wasser vergrößern sich die Blasen zusätzlich, so dass ein Soufflé sein Volumen durchaus etwa verdoppeln kann. Am besten kann die Masse übrigens in Formen mit glatter, senkrechter Wand aufsteigen.
In der Hitze des Ofens gerinnt nun das Eiweiß rund um die Blasen nach und nach, womit das Soufflé eine gewisse Standfestigkeit bekommt. Öffnen Sie den Ofen während des Garprozesses nicht: Die eindringende kältere Luft würde bewirken, dass die Luftblasen wieder schrumpfen. Das Soufflé fällt zusammen, weil das Eiweißgerüst darum herum noch nicht stabil genug ist.

EISCHNEE FACHGERECHT EINARBEITEN

Das steif geschlagene Eiweiß wird erst kurz vor dem Backen unter die Grundmasse gemischt. Und das machen Sie nach Profiart folgendermaßen: Rühren Sie zunächst nur etwa ein Viertel des Eischnees mit dem Schneebesen unter, das macht die Grundmasse leichter und damit aufnahmefähiger für den übrigen Eischnee. Nun heben Sie den Rest mit dem Kochlöffel behutsam unter.

GRUNDREZEPT: MARMORIERTES SOUFFLÉ

Den Backofen mit einem mit wenig Wasser gefüllten Blech darin (Mitte) auf 180°C vorheizen. 6 bis 8 Souffléförmchen vorbereiten wie unten gezeigt und beschrieben. Geben Sie dann 200 g Magerquark in ein sauberes Küchentuch, und drücken Sie ihn aus, indem Sie das Tuch von den zusammengefassten Enden her zudrehen. Rühren Sie 3 Eigelbe mit 30 g Zucker cremig. Den Quark unterrühren und die Masse in zwei gleich große Portionen teilen. Unter die eine Hälfte 1 EL Kakaopulver und 1 EL Milch rühren.
4 Eiweiße mit 30 g Zucker zu steifem Schnee schlagen (siehe Seite 13) und jeweils die Hälfte des Eischnees unter die helle bzw. dunkle Quarkmasse heben. Die Souffléförmchen füllen und die Massen verziehen wie unten in Step 3 gezeigt und beschrieben. Die Formen dann ein paar Mal mit der Bodenfläche auf die Arbeitsfläche stoßen, so füllt sich das Förmchen vollständig aus.
Die Soufflés im heißen Ofen etwa 20 Minuten backen. Damit die Förmchen beim Backen nicht auf dem Blech klappern, können Sie zwei Lagen Küchenpapier unterlegen. Die Soufflés sind fertig, wenn sie luftig hoch aufgegangen und ganz leicht gebräunt sind. Sofort mit Puderzucker bestaubt servieren.

FORMEN VORBEREITEN, FÜLLEN

(1) Die Souffléform mithilfe eines Backpinsels mit weicher Butter ausstreichen.

(2) Zucker durch Drehen der Form gleichmäßig auf den gebutterten Flächen verteilen, überschüssigen Zucker durch leichtes Klopfen entfernen.

(3) Von den beiden Soufflémassen mit einem Esslöffel Portionen in die Förmchen füllen und mit einem Stab ineinander verziehen. Dabei nicht den Boden berühren, sonst hängt der Teig an.

ZUCKER IN KARAMELL zu verwandeln, ist in der Dessertküche ein sehr häufiger Arbeitsgang. Die Tatsache, dass Karamellzucker beim Erkalten erstarrt (siehe rechts), sowie sein besonderes Aroma machen ihn so attraktiv.

Die neutrale Süße von weißem Kristallzucker bekommt durch das Karamellisieren eine charakteristische, je nach Dunklungsgrad mehr oder minder starke Röstnote. Und diese wiederum harmoniert sehr gut mit verschiedensten Früchten, etwa Apfel, Banane, Orange, Kirschen, Feigen. Auch Cremes, einschließlich Eiscremes, können mit Karamell verfeinert und ergänzt werden. Bekannteste Beispiele sind wohl die Crème caramel, eine Rezeptvariante finden Sie auf Seite 144, und die Crème brûlée (Seite 153). Wenn Sie verhindern möchten, dass Karamell beim Abkühlen fest wird, löschen Sie ihn einfach mit derselben Menge Flüssgkeit ab. Die Sauce kann dann nach Belieben aromatisiert werden.

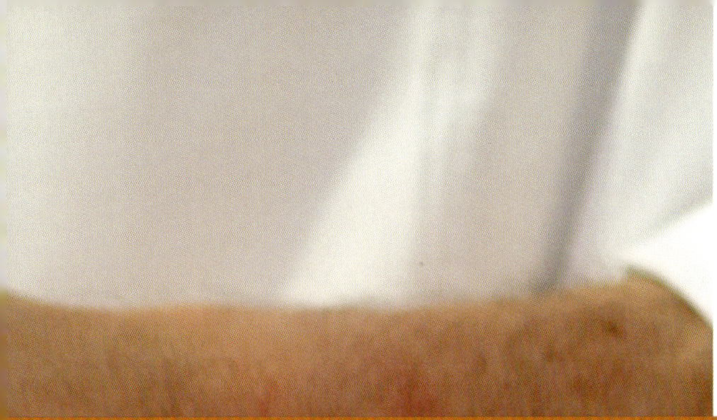

Vielseitiger Zuckersirup

Auch wenn in der Alltagsküche vorwiegend kristalliner Zucker verwendet wird, gibt es in der Dessertküche viele Rezepturen, für die Zuckersirup – mit Wasser gekochter Zucker – das am besten geeignete Süßungsmittel ist: So liegt der Zucker in gelöster Form vor, und Sie können Saucen oder andere Flüssigkeiten ebenso wie Cremes unkompliziert (nach-)süßen. Das ist insbesondere bei kalten Zubereitungen praktisch, in denen sich kristalliner Zucker nur langsam auflöst. Der in Wasser gekochte Zucker wird fachsprachlich nach wie vor als Läuterzucker bezeichnet. Das Wort stammt aus der Zeit, als es noch keine Zuckerraffinade gab, Zuckersirup entsprechend Verunreinigungen aufwies und durch Kochen mit Wasser geklärt (geläutert) werden musste. Die am häufigsten eingesetzten Zuckersirupe werden aus Wasser und Zucker im Verhältnis 1:1 und 2:1 hergestellt (siehe auch Seite 139), letztere Mischung wird auch leichter Sirup genannt.
Wer tiefer in die Kunst des Zuckerkochens und -verarbeitens einsteigen möchte, etwa um gesponnenen oder gezogenen Zucker herzustellen, muss sich ein Zuckerthermometer zulegen. Dessen Skala geht bis weit über 160 °C. Das ist nötig, weil Zuckersirup bei verschiedenen Temperaturen unterschiedliche Eigenschaften hat, Spinnzucker beispielsweise nicht heißer als bis 140 °C gekocht werden darf (Dekorationsbeispiel siehe Seite 144).

DEKORATIONEN AUS KARAMELLSIRUP

Karamellisierten Zucker kann man heiß in verschiedene Formen ziehen, in denen er beim Abkühlen erstarrt. Hier wird die Herstellung eines Körbchens beschrieben: Ölen Sie die Außenfläche eines Schöpflöffels ein. Schmelzen Sie dann etwa 100 g Zucker in einem Topf bei starker Hitze. Rühren Sie nicht um, am kalten Löffel würde der Zucker ankleben, schwenken Sie den Topf lediglich. Und nehmen Sie keinen zu großen Topf, der Zucker bräunt sonst zu schnell. Der Profi gibt ein wenig Glukose zu, das macht den flüssigen Karamell geschmeidiger. Ziehen Sie nun mit Hilfe eines Esslöffels (Bild oben) möglichst lange Streifen sich überkreuzend über die Wölbung des Schöpflöffels. Den Zucker abkühlen und erstarren lassen. Die Kelle nun kurz innen mit Eiwürfeln kühlen und das Körbchen vorsichtig ablösen (Bild links). Eventuell klappt das nicht gleich beim ersten Mal, Karamellzucker ist sehr brüchig.

DEKORIEREN MIT ZUCKER

KANDIERTE FRUCHTSCHEIBEN

Zum Kandieren eignen sich unter anderem Zitrusfrüchte, Apfel, Birne oder auch Karambole. Schneiden Sie die Früchte am besten mit der Aufschnittmaschine in hauchfeine Scheiben. Diese auf eine mit Puderzucker bestäubte Backmatte legen (Backmatten gibt es z. B. im Haushaltsfachgeschäft). Backpapier als Unterlage ist ungeeignet, darauf würde das Obst ankleben.

Die Scheiben mit Puderzucker bestauben, in den 50 bis 60 °C heißen Backofen (Umluft) schieben und 3 bis 4 Stunden darin lassen, bis sie knusprig trocken sind.

GEZUCKERTE BLÜTENBLÄTTER

Sie sind eine aparte Garnitur für zarte Desserts und passen besonders gut zu Cremes, Schäumen oder auch zu cremegefülltem Gebäck. Nehmen Sie unbedingt ungespritze Blüten, etwa Rosen. Es eignen sich aber auch essbare ganze Blüten wie beispielsweise Hornveilchen.

Die Blüten(blätter) in mit Zucker verschlagenem Eiweiß wenden, auf eine Backmatte legen, mit Puderzucker bestauben. Lassen Sie den Überzug bei etwa 60 °C Umluft 1 bis 2 Stunden im Backofen trocknen. Testen Sie zwischendurch mit dem Finger, ob er bereits trocken ist.

ZUCKERWABEN

Einen verblüffenden wabenförmigen Effekt ergibt diese gebackene Zuckermischung. Sie wirkt besonders gut auf farbigen oder dunklen Elementen eines Desserts.

Zubereitung: Kochen Sie 20 g Butter mit 225 g Fondant und 150 g Glukose auf (gibt es beides im Backzutaten-Fachhandel, auch über Internetversand). Mischung auf eine Backmatte streichen, auskühlen lassen, dann zerbrechen und fein mahlen. Bringen Sie das Pulver durch ein Sieb auf die Backmatte auf, und schmelzen Sie es im Backofen in etwa 2 Minuten bei 185 °C Ober-/Unterhitze.

ZITRUSZESTEN IN ZUCKERLÖSUNG

Intensives Aroma bringen in Zuckerlösung gekochte Zesten von Zitrusfrüchten. Damit können Sie beispielsweise warme und kalte Cremes dekorieren.

Im oben gezeigten Bild werden Schalenstreifen von Bio-Orangen verwendet. Geben Sie diese mit 100 ml Campari in einen Topf. Fügen Sie 200 g Zucker hinzu, und kochen Sie das Ganze auf, so dass sich der Zucker auflöst. Die Mischung von der Kochstelle nehmen, nach Belieben mit Nelke, Zimt oder Anis aromatisieren, abkühlen lassen, erst dann die Orangenzesten herausheben.

REZEPTE

Desserts für Genießer

Obstdesserts

Beerenkaltschale mit Zimtschaum

FÜR 4 PORTIONEN
ZUBEREITUNG 30 Min.

FÜR DIE KALTSCHALE
- 200 g Beerenmark (siehe Kniff)
- 100 ml Rotwein (z. B. Côtes du Rhone)
- 90 g Zucker
- Saft von 1 Zitrone
- abgeriebene Schale von ½ Bio-Zitrone
- 1 Stängel Zitronengras
- 15 g Vanillepuddingpulver
- 200 g gemischte frische Beeren (etwa Himbeeren, Brombeeren, Blaubeeren)

FÜR DEN ZIMTSCHAUM
- 200 g Sahne
- 1 Zimtstange
- 1 Eigelb, 40 g Zucker

Kochen Sie für ein anderes Aroma alternativ zum Zitronengras ein Scheibchen frischen Ingwer mit.

1. Geben Sie das Beerenmark, den Rotwein, Zucker, Zitronensaft, abgeriebene Zitronenschale und das klein geschnittene Zitronengras in einen Topf, und lassen Sie alles aufkochen.

2. Verrühren Sie das Vanillepuddingpulver klumpenfrei mit 4 Esslöffel Wasser, und rühren Sie es in den kochenden Sud. Kurz aufkochen und unter ständigem Rühren im Eiswasserbad (siehe Kniff Seite 151) erkalten lassen, damit sich keine Haut bildet. Gießen Sie dann die Kaltschale durch ein feines Sieb. Die Beeren verlesen, in einem Sieb kalt abbrausen und abtropfen lassen, zur Kaltschale geben und diese beiseite stellen.

3. Für den Zimtschaum lassen Sie die Sahne mit der Zimtstange in einem Topf aufkochen. Das Eigelb und den Zucker gut verrühren. Dann die kochende Sahne zur Eigelb-Zucker-Mischung gießen und gut verrühren. Die Mischung im Eiswasserbad kalt rühren.

4. Die Kaltschale auf vier tiefe Teller verteilen. Die Zimtstange aus der Sauce entfernen und mit dem Pürierstab aufschäumen. Den Schaum anschließend auf den Kaltschalen verteilen.

Beerenmark herstellen

200 g Beeren (z. B. Himbeeren, Brombeeren, Blaubeeren, Preiselbeeren, Holunder, Sanddorn, Schlehen) verlesen, in einem Sieb kalt abbrausen und abtropfen lassen. Mit 50 ml Wasser und 1 Esslöffel Zucker in einem Topf aufkochen, dann pürieren und durch ein Sieb streichen.

Gelee von Beerenfrüchten

FÜR 6 BIS 8 PORTIONEN
ZUBEREITUNG 15 Min.
+ KÜHLEN 1 Std. 30Min.

ZUTATEN

- 4 Blatt Gelatine
- 250 ml Beerenmark (siehe Kniff Seite 61)
- 125 g Crème fraîche, 125 g Magerquark
- 3 cl Crème de Cassis (Johannisbeerlikör)
- ca. 3 EL Läuterzucker 2:1 (siehe Kasten auf Seite 139)

AUSSERDEM

- Terrinenform von 700 ml Inhalt
- 150 g gemischte Beeren, frisch oder tiefgekühlt (etwa Himbeeren, Blaubeeren, Brombeeren) und Zucker zum Anrichten

1. Die Blattgelatine in kaltem Wasser einweichen. Inzwischen das Beerenmark erwärmen, Crème fraîche und Quark einrühren. Geben Sie nun den Crème de Cassis dazu, und süßen Sie mit Läuterzucker nach Geschmack.

2. Die eingeweichte Gelatine ausdrücken und einrühren, so dass sie sich auflöst und gleichmäßig verteilt ist. Die Beerenmasse in die Terrinenform füllen und in etwa 1 Stunde 30 Minuten durchkühlen und fest werden lassen.

3. Vor dem Servieren die Terrinenform kurz in heißes Wasser tauchen. Stürzen Sie dann das Beerengelee vorsichtig (siehe Kniff auf Seite 75), schneiden Sie es in Scheiben, und richten Sie es mit gezuckerten Beeren auf Tellern an.

SERVIERTIPP Dazu passt geschlagene Sahne oder das weiße Schokoladeneis von Seite 135.

Apfel-Birnen-Carpaccio mit Wildkräutersalat

1. Verrühren Sie das Wildkräuteröl in einem Rührbecher mit dem Zitronensaft, und geben Sie das Quittengelee dazu. Alles mit dem Pürierstab zu einer homogenen Marinade mixen.

2. Die Äpfel und Birnen waschen, trocknen, das Kernhaus mit einem Ausstecher entfernen und dann die Früchte in dünne Scheiben schneiden. Das geht am besten auf dem Gemüse- oder Gurkenhobel.

3. Richten Sie dann das Obst fächerförmig auf vier bis sechs Desserttellern an, und bepinseln Sie es dünn mit der Marinade.

4. Die Wildkräuter waschen und trockenschütteln. Arrangieren Sie die Kräuter dekorativ zu den Apfel- und Birnenscheiben, und träufeln Sie die übrige Rapsölmarinade darüber.

5. Schneiden Sie zuletzt mit einem Sparschäler von der weißen Kuvertüre Raspel oder hobeln Sie mit einem Messer feine Späne ab. Garnieren Sie das Apfel-Birnen-Carpacchio damit, und servieren Sie es mit gestoßenem schwarzem Pfeffer bestreut.

Wildkräuter

Von Frühjahr bis in den Herbst können Sie verschiedenste Wildkräuter, etwa Löwenzahn, Gänseblümchen, Vogelmiere, Rotklee und Sauerampfer, selbst sammeln. Auch Gärtnereien bieten inzwischen eine große Auswahl an vorgezogenen Wildkräuterpflänzchen an. Außerhalb der Kräutersaison ersetzen Sie die Wildkräuter durch Zitronenmelisse und essbare Blüten wie z. B. Begonien, den Zitronensaft durch Limette. Und statt Wildkräuteröl können Sie auch gutes Walnussöl nehmen.

S. 136
WARENKUNDE Schokolade

SERVIERTIPP Wenn Sie ein eher rustikales Menü servieren, richten Sie das Carpaccio auf bunten Tellern an.

FÜR 4 BIS 6 PORTIONEN
ZUBEREITUNG 20 Min.

ZUTATEN
- 80 ml Rapswildkräuteröl (vom Bauernmarkt, aus dem Delikatessenladen oder selbst hergestellt)
- 1 EL Zitronensaft, 50 g Quittengelee
- 2 säuerliche Äpfel (etwa Boskoop)
- 2 Birnen (etwa Gute Luise)
- 125 g Wildkräuter (etwa Apfelminze, Süßdolde, Vogelmiere, Bronzefenchel)

AUSSERDEM
- weiße Kuvertüre am Stück und gestoßener schwarzer Pfeffer für die Garnitur

Blaubeer-Buttermilch-Timbale

FÜR 4 PORTIONEN
ZUBEREITUNG 40 Min.
+ KÜHLEN 2 Std. 20 Min.

FÜR DIE TIMBALES
- 2 Eigelbe (Eier Größe S)
- 40 g Puderzucker
- etwas abgeriebene Schale von einer Bio-Zitrone
- 100 g Buttermilch
- 4 Blatt Gelatine
- 35 g Blaubeermark (siehe Kniff)
- 1 cl Crème de Cassis (Johannisbeerlikör)
- 150 g Sahne
- 1 EL Milch
- 4 Timbaleformen von 125 ml Inhalt

FÜR DEN BLAUBEERSALAT
- 200 g Blaubeeren
- 20 EL Ahornsirup
- 2 cl Crème de Cassis (Johannisbeerlikör)

1. Für die Timbales schlagen Sie die Eigelbe mit dem Puderzucker sehr cremig auf. Die Zitronenschale dazugeben, vorsichtig die Buttermilch unterziehen.

2. Weichen Sie je 2 Blatt Gelatine separat in kaltem Wasser ein. Geben Sie ein Drittel der Masse in eine zweite Schüssel, und rühren Sie unter diesen kleineren Teil das Blaubeermark. Den Johannisbeerlikör in einem kleinen Topf erwärmen, 2 Blatt ausgedrückte Gelatine darin auflösen und unter die Blaubeer-Buttermilchmasse ziehen. Schlagen Sie die Sahne steif, und heben Sie die Hälfte davon unter.

3. Erwärmen Sie nun die Milch im wieder ausgespülten kleinen Topf. Die 2 übrigen Blatt Gelatine ausdrücken und darin auflösen, unter den größeren Teil der Buttermilchmasse ziehen. Die restliche geschlagene Sahne unterheben.

4. Die Hälfte der weißen Buttermilchmasse auf die Timbaleformen verteilen, im Kühlschrank in etwa 10 Minuten anziehen lassen. Das Anziehen der noch nicht verwendeten Massen verhindern Sie, indem Sie diese im nicht zu heißen Wasserbad warm halten. Dann die gesamte Blaubeer-Buttermilchmasse auf die Timbaleformen verteilen, ebenfalls etwa 10 Minuten anziehen lassen. Verteilen Sie nun die restliche Buttermilchmasse gleichmäßig, und stellen Sie die Timbales für mindestens 2 Stunden kalt.

Blaubeermark herstellen

Frische Blaubeeren oder aufgetaute tiefgekühlte Beeren im Mixer pürieren und durch ein feines Sieb passieren. Das intensiv farbige Mark kann auch gut für Saucenspiegel verwendet werden.

5. Für den Blaubeersalat waschen Sie die Beeren und tupfen sie vorsichtig trocken. Ahornsirup und Crème de Cassis gleichmäßig über die Blaubeeren träufeln. Bis zum Servieren durchziehen lassen.

6. Die Buttermilchtimbales auf je einen Dessertteller stürzen (siehe Kniff auf Seite 75) und die marinierten Blaubeeren darüber geben. Dazu passen z. B. die Schoko-Kaffee-Brownies von Seite 191.

S. 13
KOCHKURS Gelatine

Schnee-Eier auf Kardamom-Äpfeln

FÜR 4 PORTIONEN
ZUBEREITUNG 1 Std. + ZIEHEN 2 Std.

FÜR DIE KARDAMOM-ÄPFEL

- 130 g Zucker
- je 250 ml weißer Portwein und Weißwein
- 100 ml klarer Apfelsaft
- 1 Zimtstange, 2 Lorbeerblätter
- 1 gestrichener TL gemahlener Kardamom
- Mark von 1 Vanilleschote
- 2 Äpfel (etwa Pink Lady, Golden Delicious, Glockenapfel oder Braeburn)

FÜR DIE SCHNEE-EIER

- 180 g Eiweiß (5 Eier Größe L), 30 g Zucker
- abgeriebene Schale von ½ Bio-Zitrone
- Mark von ½ Vanilleschote
- ½ l Milch

1. Den Zucker in einem Topf goldbraun karamellisieren und mit Portwein, Weißwein und Apfelsaft ablöschen. Geben Sie die Gewürze dazu. Alles kurz aufkochen und auf die Hälfte reduzieren, dann durch ein Sieb passieren.

2. Schälen Sie die Äpfel, entfernen Sie das Kernhaus mit einem Ausstecher, und schneiden Sie die Äpfel quer in dünne Scheiben. Diese in einer Schüssel mit dem Weinfond begießen und etwa 2 Stunden ziehen lassen.

3. Nach dieser Zeit bereiten Sie die Schnee-Eier zu wie in der Stepfolge unten gezeigt und beschrieben.

4. Die Kardamom-Äpfel auf vier Dessertteller verteilen, die Schneenocken aus der Milch heben und auf den Apfelscheiben anrichten.

S. 52
KOCHKURS Karamell

(1)

SCHNEE-EIER ZUBEREITEN

Je luftiger der Eischnee, umso lockerer die Klößchen.

(1) Eiweiß, Zucker, Zitronenschale und Vanillemark mit den Schneebesen des Handrührgeräts oder – noch besser – von Hand steif schlagen.

(2) Dann die Milch in einem Topf zum Kochen bringen. Von der Eischneemasse Nocken abstechen und portionsweise in der Milch etwa 3 Minuten von jeder Seite pochieren. Die Milch darf nicht kochen.

(3) Die Nocken während der Garzeit einmal wenden, da sie an der Oberfläche schwimmen, und jede Seite einmal in der Milch garen muss.

(2)

(3)

Apfel-Champagner-Süppchen mit Krokant-Quarkklößchen

FÜR 4 BIS 6 PORTIONEN
ZUBEREITUNG 30 Min.
+ RUHEN 30 Min.

FÜR DAS APFEL-CHAMPAGNER-SÜPPCHEN

- 4 Äpfel (etwa Cox Orange, Elstar)
- 400 ml Champagner

FÜR DIE KROKANT-QUARKKLÖSSCHEN

- 20 g Puderzucker
- 2 Eigelbe
- 20 g zimmerwarme Butter
- 125 g Magerquark
- 40 g Semmelbrösel
- 100 g Mandelblättchen

1. Die Äpfel waschen, schälen und das Kernhaus entfernen. Schneiden Sie das Fruchtfleisch klein, und kochen Sie es mit etwas Wasser auf. Das Ganze zu einem »trockenen Apfelmus« kochen, anschließend kalt stellen.

2. Inzwischen den Puderzucker mit den Eigelben und der Butter verrühren, den Quark unterziehen und die Semmelbrösel einarbeiten. Stellen Sie die Masse für etwa 30 Minuten kalt.

3. Formen Sie danach aus der Puderzuckermasse acht Klöße. Bringen Sie reichlich Wasser mit 1 Esslöffel Zucker zum Sieden, und legen Sie die Klöße ein. Etwa 10 Minuten im schwach kochenden Wasser ziehen lassen. Inzwischen die Mandelblättchen in einer Pfanne ohne Fett leicht bräunen.

4. Pürieren Sie das Apfelmus zusammen mit dem Champagner. Dann die Mischung in tiefe Teller füllen und die warmen, in den Mandelblättchen gewälzten Quarkklößchen darauf geben.

Traubenterrine mit Minzschaum

FÜR 4 PORTIONEN
ZUBEREITUNG 40 Min.
+ KÜHLEN 3 Std. 30 Min.

FÜR DIE TERRINE
- 30 g Rosinen
- 100 g kleine kernlose Muskattrauben
- 6 Blättchen Minze
- 3 Blatt Gelatine
- 40 g Zucker
- 200 ml Muskateller (Süßwein)
- Terrinenform von 500 ml Inhalt

FÜR DEN MINZSCHAUM
- 60 g Sahne
- 1 EL Zucker
- 1 Spritzer Minzlikör
- 1 kleines Bund Minze

1. Die Rosinen in lauwarmem Wasser einweichen, dann in ein Sieb abgießen. Inzwischen die Muskattrauben waschen, die Minzblättchen fein hacken.

2. Weichen Sie die Gelatine in kaltem Wasser ein. Den Zucker mit 2 Esslöffel Wasser in einem kleinen Topf aufkochen, die eingeweichte Gelatine gut ausdrücken und mit dem Zucker verrühren, bis sie sich aufgelöst hat. Gießen Sie nun den Wein am inneren Topfrand langsam dazu, und rühren Sie vorsichtig um. Das verhindert, dass Blasen entstehen.

3. Legen Sie die Terrinenform mit Klarsichtfolie aus und verteilen Sie die Trauben, Rosinen und Minzblättchen darin. Gießen Sie die Hälfte des gelierten Weines durch ein feines Sieb darauf und stellen Sie die Terrine zugedeckt für 30 Minuten kalt. Inzwischen die restliche Weinmischung lauwarm halten, sonst geliert die Flüssigkeit. Nach Ablauf der Kühlzeit den restlichen Wein auf die bereits angezogene Flüssigkeit in der Terrinenform gießen. Das Ganze für mindestens 3 Stunden kalt stellen.

4. Die Terrine 30 Minuten vor dem Servieren aus dem Kühlschrank nehmen. So kann sie Zimmertemperatur annehmen und bekommt ihre ideale Konsistenz. Kurz vor dem Servieren für den Minzschaum die Sahne mit dem Zucker und dem Minzlikör halbflüssig schlagen.

5. Die Terrine auf eine Platte stürzen und am besten mit einem Elektromesser oder einem anderen scharfen Messer in Scheiben schneiden. Die Scheiben auf Tellern anrichten und jeweils 1 Esslöffel von dem Minzschaum darum herum gießen. Mit je 1 Zweig Minze garnieren und sofort servieren.

Flüssige Gelees

…llten Sie immer durch ein Sieb …ießen, um eventuelle klumpige Rückstände von Gelatine zu vermeiden. Aus demselben Grund empfiehlt es sich, beim Einrühren der Gelatine mit dem Schneebesen zu arbeiten.

S. 13
KOCHKURS Gelatine

Pfirsich-Aprikosen-Grütze mit Johannisbeeren und Honigparfait

FÜR 6 PORTIONEN
ZUBEREITUNG 1 Std.
+ KÜHLEN 4 Std.

FÜR DAS PARFAIT
- 4 Eigelbe (Eier Größe M)
- 70 g Honig
- 30 g Puderzucker
- 250 g Sahne
- Terrinenform von 500 ml Inhalt

FÜR DIE GRÜTZE
- 600 g Pfirsiche
- 600 g Aprikosen
- 200 g rote Johannisbeeren
- 50 g Zucker
- 1 TL Speisestärke
- 4 cl Pfirsichlikör (oder Aprikosenlikör)

Rote Grütze

FÜR KLASSISCHE Rote Grütze 750 g rote Johannisbeeren und 500 g Himbeeren in 1 l Wasser mit 150 g Zucker etwa 10 Minuten kochen, bis die Früchte zerfallen. Die Mischung passieren, aufkochen. In 125 ml trockenen Weißwein 90 g Speisestärke einrühren, den Saft damit binden. Nehmen Sie den Topf vom Herd, und rühren Sie 2 cl Rum ein. Die Mischung etwas abkühlen lassen und in Portionsschälchen füllen. Die kalte Grütze mit Sahne servieren.

1. Für das Parfait Eigelbe, Honig und Zucker in einer Schüssel mit dem Handrührgerät in 5 bis 8 Minuten dickcremig aufschlagen. Dann schlagen Sie die Sahne steif und heben diese unter die Eigelbmasse. Eine Terrinenform mit Klarsichtfolie auslegen, die Masse einfüllen und zugedeckt in etwa 4 Stunden im Tiefkühlgerät gefrieren lassen.

2. Für die Grütze die Pfirsiche und die Aprikosen kurz in einem Topf mit kochendem Wasser blanchieren, herausheben, mit kaltem Wasser abschrecken, dann die Haut abziehen, die Früchte halbieren oder vierteln und entsteinen. Die Johannisbeeren waschen und mit einer Gabel von den Rispen streifen.

3. Schneiden Sie das Fruchtfleisch der Pfirsiche und Aprikosen in schmale Spalten, und geben Sie diese mit 200 ml Wasser und dem Zucker in einen Topf. Das Ganze kurz aufkochen und etwa 3 Minuten kochen lassen.

4. Die Früchte mit einem Schaumlöffel herausnehmen und auf einem Teller beiseite stellen. Den Fruchtsaft im Topf mit der Speisestärke binden. Geben Sie die Johannisbeeren und den Pfirsichlikör in die noch heiße Flüssigkeit, und nehmen Sie den Topf von der Kochstelle. Die Mischung etwas abkühlen lassen, dann die Pfirsich- und Aprikosenspalten dazugeben.

5. Stürzen Sie das Honigparfait auf eine längliche Platte. Dann schneiden Sie es in Scheiben und richten diese auf der Grütze an.

Mit konserviertem Obst

Wenn Sie keine frischen Früchte bekommen, können Sie für die Grütze auch die gleiche Menge Aprikosen und Pfirsiche aus der Dose verwenden. Dann entfällt das Blanchieren der Früchte und die Zubereitungszeit reduziert sich auf 50 Minuten.

S. 24
KOCHKURS Parfait

Ananas-Götterspeise mit Chili- und Korianderaromen

FÜR 4 PORTIONEN
ZUBEREITUNG 30 Min.
+ RUHEN 3 Std.

Gießen Sie etwas flüssige Sahne über die Götterspeise, dann schmeckt sie milder.

ZUTATEN
- ½ Ananas
- 1 kleine rote Chilischote
- 500 ml Ananassaft
- Mark von 1 Vanilleschote
- 4 Zweige Koriander
- 1 Msp. Safranfäden
- 150 g Zucker
- 6 Blatt Gelatine

1. Halbieren Sie die Ananashälfte längs, schneiden Sie das Fruchtfleisch aus der Schale, und befreien Sie es von der harten Mittelachse. Das Ananasfruchtfleisch würfeln. Die Chilischote waschen.

2. Geben Sie Ananasstücke und Chili mit Ananassaft, Vanillemark, Koriander, Safran und Zucker in einen Topf. Das Ganze aufkochen und die Fruchtstücke zugedeckt in etwa 20 Minuten weich kochen.

3. Weichen Sie die Gelatine in wenig kaltem Wasser ein. Entfernen Sie Chilischote und Korianderzweige aus dem Ananasfond, und nehmen Sie von der Flüssigkeit eine kleine Portion ab, die Sie in eine Schale geben.

4. Die Gelatine etwas ausdrücken, in dem abgenommenen Ananasfond auflösen, die Mischung in den Topf zurückgießen und in den übrigen Fond einrühren.

5. Verteilen Sie die Ananas-Götterspeise auf Dessert-Portionsschälchen, und stellen Sie sie zum Gelieren für etwa 3 Stunden kalt.

ANRICHTEIDEE Die Götterspeise in Trinkgläsern gelieren lassen, mit frischem Koriander und nach Belieben wie auf dem Bild links mit Chili-Julienne anrichten.

Süßer Geleeklassiker *Heißer Fruchtsaft bzw. Kräutersaft wird für diese Süßspeise mit Gelatine versetzt und dann zum Erstarren kalt gestellt. Die klassischen Geschmacksrichtungen sind Götterspeise mit Waldmeisteraroma (siehe Bild) und die rote Variante mit Himbeer- bzw. Kirscharoma.*

Anrichten von Götterspeise *Sie können das Gelee abstechen oder stürzen und mit Sahne oder Vanillesauce anrichten. Besonders dekorativ sind einige obenauf gestreute Späne weißer Kuvertüre.*

Gelierte Rotweinbirne im Ricottamantel auf Johannisbeercoulis

FÜR 8 PORTIONEN
ZUBEREITUNG 50 Min.
+ ZIEHEN UND FEST-WERDEN 5 Std. 20 Min.

FÜR DIE GELIERTE ROTWEINBIRNE
- 4 reife Birnen
- 250 g Puderzucker
- 1 l Rotwein
- 1 Stange Zimt
- Zesten von 1 Bio-Orange
- 6 Blatt Gelatine
- Terrinenform von 750 ml Inhalt

FÜR DEN RICOTTAMANTEL
- 5 Blatt Gelatine
- 50 ml Heidehonig (oder anderer heller und aromatischer Honig)
- 500 g Ricotta
- 50 ml Walnussöl
- 50 g Sahne
- 3 EL Milch
- Terrinenform von 1250 ml Inhalt

FÜR DIE JOHANNISBEER-COULIS
- 500 g rote Johannisbeeren
- 80 g Zucker

1. Für die Rotweinbirnen in Gelee die Birnen schälen, Stiele, Blütenansatz und das Kernhaus entfernen, das Fruchtfleisch würfeln und in eine Schüssel geben. Lassen Sie den Puderzucker in einem flachen Topf karamellisieren, mit dem Rotwein ablöschen, Zimt und Orangenzesten zugeben. Gießen Sie den Weinfond durch ein Sieb auf die Birnenwürfel, und lassen Sie sie darin mindestens 3 Stunden ziehen.

2. Nach dieser Zeit die Gelatine 5 Minuten in kaltem Wasser quellen lassen. Heben Sie die Birnenwürfel mit einem Sieblöffel aus dem Rotweinfond und legen Sie sie in die Terrinenform ein. Vom Rotweinfond 400 ml abmessen und ein wenig davon in einem kleinen Topf erwärmen. Die Gelatine ausdrücken und darin auflösen. Rühren Sie diese Mischung in den abgemessenen Rotweinfond, und übergießen Sie damit die Birnenwürfel. Die Terrine für mindestens 1 Stunde kalt stellen.

3. Nach dieser Kühlzeit die Gelatine für den Ricottamantel etwa 5 Minuten in kaltem Wasser einweichen. In einem Messbcher den Honig abmessen, mit Ricotta, Walnussöl und Sahne verrühren. Erwärmen Sie die Milch, und lösen Sie darin die ausgedrückte Gelatine auf. Ziehen Sie die Mischung zügig unter die Ricottamasse, und geben Sie die Hälfte der Masse in die große Terrinenform. Das Ganze etwa 20 Minuten kühl stellen bis die Masse anzieht. Inzwischen das Anziehen der übrigen Ricottamasse verhindern, indem Sie sie im heißen Wasserbad warm halten.

Richtig stürzen

Tauchen Sie Desserts mit Gelatine vor dem Stürzen mit der Form kurz in heißes Wasser, lösen Sie dann den Rand mit einem angewärmten Messer etwas, legen einen Teller auf die Form und drehen diese um!

4. Nach den 20 Minuten Kühlzeit für die Ricottamasse die Geleeterrine stürzen (siehe Kniff). Die Geleeterrine vorsichtig in die Ricottamasse einlegen und mit der restlichen Ricottamasse bedecken. Das Ganze nochmals mindestens 1 Stunde kühl stellen.

5. Für die Coulis die Johannisbeeren waschen und von den Rispen streifen. Kochen Sie die Beeren mit dem Zucker unter Rühren einmal auf, dann pürieren Sie das Ganze und streichen die Masse durch ein Sieb. Auf Dessertteller jeweils einen Spiegel von Johannisbeercoulis gießen. Stürzen Sie die Terrine vorsichtig (siehe Kniff), und schneiden Sie sie in Scheiben, die Sie auf dem Saucenspiegel anrichten.

Holunderbirne mit Vanillepolenta

FÜR 4 PORTIONEN
ZUBEREITUNG 30 Min.

FÜR DIE POLENTA
- 1 Vanilleschote
- 425 ml Milch, 3 cl Vermouth
- 125 g Polenta (Maisgrieß)
- abgeriebene Schale von je ½ Bio-Orange und -Zitrone
- 50 g Butter · 40 g Zucker

FÜR DIE HOLUNDERBIRNE
- 1 l Holunderblütensaft (oder 140 ml Holunderblütensirup, mit 860 ml Wasser gemischt)
- Mark von 1 Vanilleschote, 200 g Zucker
- 4 kleine, nicht zu weiche Birnen

1. Für die Polenta die Vanilleschote längs aufschlitzen und das Mark auskratzen. Kochen Sie die Milch mit Vanilleschote und Vermouth in einem Topf auf, und rühren Sie den Maisgrieß ein. Orangen- und Zitronenschale zufügen, den Grieß zugedeckt unter gelegentlichem Rühren in etwa 20 Minuten weich kochen.

2. Inzwischen geben Sie für die Holunderbirne Holunderblütensaft, Vanillemark und Zucker in einen weiten Topf und kochen die Mischung auf. Die Birnen schälen, halbieren, Stiel, Blütenansatz und das Kernhaus entfernen.

3. Die Birnenhälften in den kochenden Sud geben, die Temperatur etwas reduzieren, so dass die Flüssigkeit gerade noch siedet. Die Birnenhälften in etwa 10 Minuten weich pochieren (Gartest durch Anstechen).

4. Rühren Sie in die fertig gegarte Vanillepolenta die Butter, den Zucker und das Vanillemark ein. Die Polenta dann mit den Birnenhälften anrichten.

Holundersuppe mit Grießklößchen

1. Weichen Sie für die Holundersuppe die Gelatine in kaltem Wasser ein. Geben Sie den Champagner und Holunderblütensaft zusammen mit Zucker, Vanillemark, Zitronensaft und der abgeriebenen Zitronenschale in einen Topf. Alles kurz aufkochen, dann durch ein feines Sieb passieren.

2. Nun die eingeweichte Gelatine ausdrücken und in das heiße Süppchen rühren. Dieses für 4 Stunden 30 Minuten kalt stellen.

3. Für die Grießklößchen kochen Sie die Milch und die Sahne mit Butter, Zucker und den Gewürzen auf. Nehmen Sie den Topf dann vom Herd, rühren Sie den Grieß ein, und lassen Sie ihn kurz auf der ausgeschalteten Kochstelle unter Rühren fest werden.

4. Dann die Grießmasse in eine Schüssel füllen und das Ei einarbeiten. Die Masse für etwa 4 Stunden kalt stellen.

5. Nach dieser Kühlzeit zum Garen der Klößchen in einem Topf reichlich leicht gesüßtes Wasser zum Kochen bringen.

6. Stechen Sie aus dem erkalteten Grießteig mit zwei Tee- oder Esslöffeln Klößchen ab. Diese im leicht siedenden Zuckerwasser in etwa 10 Minuten garen. Mit einem Schaumlöffel herausheben, abtropfen und etwas abkühlen lassen.

7. Die kalte Holundersuppe auf vier Suppenschalen verteilen und die Grießklößchen einlegen. Sofort servieren.

Zutaten tauschen

Natürlich können Sie statt Champagner auch einen guten trockenen Sekt nehmen. Und den Holunderblütensaft ersetzen Sie gegebenenfalls durch eine Mischung aus 50 ml Holunderblütensirup und 300 ml Wasser.

ANRICHTEIDEE Garnieren Sie das Süppchen wie im Bild rechts nach Belieben mit Zitronenthymian.

FÜR 4 PORTIONEN
ZUBEREITUNG 45 Min.
+ KÜHLEN 4 Std. 30 Min.

FÜR DIE HOLUNDERSUPPE
- 3 Blatt Gelatine
- 125 ml Champagner (alternativ Sekt)
- 350 ml Holunderblütensaft
- 125 g Zucker
- Mark von 1 Vanilleschote
- abgeriebene Schale und Saft von 2 Bio-Zitronen

FÜR DIE GRIESSKLÖSSCHEN
- 125 ml Milch, 125 g Sahne
- 50 g Butter
- 20 g Zucker
- Mark von 1 Vanilleschote
- abgeriebene Schale von je 1 Bio-Orange und Limette
- 65 g Hartweizengrieß, 1 Ei
- etwas Zucker für das Garwasser

Passionsfruchtschaum auf Feigensauce mit Orangenkrokant

FÜR 4 PORTIONEN
ZUBEREITUNG 1 Std.

FÜR DEN ORANGENKROKANT
- 20 g Zucker
- 10 g Traubenzucker
- 5 g Akazienhonig
- 4 g Butter
- abgeriebene Schale von ½ Bio-Orange
- 12 g flüssige Sahne
- 10 g gehackte Mandeln
- 5 g gemahlene Mandeln

FÜR DEN PASSIONSFRUCHTSCHAUM
- 2 Blatt Gelatine
- 4–5 reife Passionsfrüchte (oder 50 g abpassierter Passionsfruchtsaft)
- 1 Eiweiß (Ei Größe M)
- 50 g Puderzucker
- 100 g Sahne
- 4 Timbaleformen von 125 ml Inhalt

FÜR DIE FEIGENSAUCE
- 2 reife dunkle Feigen
- 2 EL Zucker
- etwa 1 EL reduzierter Aceto balsamico (ca. 4 EL Ausgangsmenge)

1. Zunächst bereiten Sie den Orangenkrokant zu: Den Backofen auf 160 °C vorheizen. Zucker, Traubenzucker, Honig, Butter, Orangenschale, Sahne, gehackte und gemahlene Mandeln unter Rühren aufkochen und 1 Minute gut durchkochen. Die Mischung auf ein mit Backpapier belegtes Blech geben, mit einer Palette etwas verstreichen, im heißen Ofen (Mitte) in etwa 12 Minuten hell ausbacken. Die Backzeit hängt von der Dicke der Masse ab. Beobachten Sie daher den Krokant gegen Ende der Backzeit.

2. Den Krokant aus dem Ofen nehmen und abkühlen lassen. Das geht am schnellsten, wenn Sie das Backpapier vom Blech ziehen. Die Temperatur auf 180 °C erhöhen, dann den Krokant noch einmal in den Ofen geben und in etwa 5 Minuten appetitlich braun ausbacken (Vorsicht, er verbrennt sehr schnell!). Den Krokant aus dem Ofen nehmen und wieder abkühlen lassen.

3. Inzwischen für den Passionsfruchtschaum die Gelatine in kaltem Wasser einweichen. Die Passionsfrüchte halbieren und mit einem Löffel das Fruchtfleisch herauslösen und in einen kleinen Topf geben. Kochen Sie das Fruchtfleisch auf, und passieren Sie es anschließend durch ein feines Sieb. Den Saft auffangen. 50 g des passierten Saftes mit der ausgedrückten Gelatine verrühren. Falls der Saft nicht mehr heiß genug ist und sich die Gelatine nicht vollständig auflöst, das Ganze nochmals erwärmen.

4. Das Eiweiß mit dem Puderzucker steif schlagen. Die Sahne ebenfalls steif schlagen und mit dem Eischnee zum Passionsfruchtsaft geben. Verrühren Sie alles zusammen vorsichtig, und verteilen Sie den Schaum auf die Formen. Diese anschließend für etwa 20 Minuten in das Tiefkühlgerät stellen.

5. Für die Feigensauce die Haut von den Feigen abziehen. Pürieren Sie das Feigenfruchtfleisch mit dem Zucker und dem reduzierten Balsamico.

6. Die Feigensauce auf Teller oder in Gläser verteilen. Die Formen mit dem Schaum kurz in heißes Wasser tauchen, dann die Portionen auf die Teller bzw. in die Gläser stürzen. Den ausgekühlten Orangenkrokant in Stücke brechen und anlegen.

S. 30
KOCHKURS Feigen abziehen

Mini-Bananen im Honig-Rum-Sud mit Ingwersahne

FÜR 4 PORTIONEN
ZUBEREITUNG 20 Min.
+ ZIEHEN 1 Std.

FÜR DIE INGWERSAHNE
- 2 Passionsfrüchte
- 30 g Ingwerwurzel
- 100 g Kokosmilch
- Mark von 1 Vanilleschote
- 100 g Sahne

FÜR DIE BANANEN
- 6 reife Mini-Bananen
- 100 g Honig
- 2 cl weißer Rum
- 50 g eiskalte Butter

1. Halbieren Sie die Passionsfrüchte, heben Sie mit einem Löffel das Fruchtfleisch heraus, und geben Sie es in einen Topf. Den Ingwer dünn schälen, in feine Scheiben schneiden und dazugeben. Kokosmilch, Vanillemark und Sahne zufügen, alles unter Rühren einmal aufkochen und zugedeckt 1 Stunde ziehen lassen.

2. Die Mini-Bananen schälen und in dicke Scheiben schneiden. Erhitzen Sie dann in einer heißen Pfanne den Honig, und schwenken Sie die Bananenstücke darin, bis sie heiß sind. Mit dem Rum ablöschen und die Butter in Stückchen einrühren.

3. Passieren Sie die Ingwersahne durch ein feines Sieb portionsweise auf die vier Teller. Bananen daran anrichten, mit dem Honig-Rum-Sud beträufeln.

ANRICHTEIDEE Garnieren Sie das Dessert wie im Bild links mit Spänen von frischem Kokosnussfleisch.

Bananen-Desserts

FLAMBIEREN Das optische Ereignis macht das Flambieren so beliebt: Und häufig wird es nur wegen der schönen Flammen zelebriert. Aber richtig durchgeführtes Flambieren vermag das Dessert auch um geschmackliche Noten zu bereichern: Denn beim Abflammen des Alkohols, vor allem kräftiger Liköre, verbleiben deren feine Aromen. Zum Flambieren eignen sich hochprozentige Spirituosen wie Brandy, Rum, Arrak, Kirschwasser, Orangenlikör. Generell eignen sich alle Früchte zum Flambieren – die mildsüßen Bananen schmecken aber besonders köstlich!

FLAMBIERTE BANANEN Waschen Sie 2 Bio-Orangen, und reiben Sie sie mit einem Tuch gründlich ab. Von 1 Orange die Schale so hauchdünn abschälen, dass keine weiße Haut dabei ist – sie enthält Bitterstoffe. Die Schale in feine Streifen schneiden. Pressen Sie dann beide Orangen aus, außerdem 1 Limette, und passieren Sie den Saft durch ein feines Sieb. Schälen Sie 12 kleine Bananen, und halbieren Sie sie längs. Anschließend 40 g Butter in einer Pfanne zerlassen und die Bananenhälften darin von beiden Seiten hellbraun anbraten. Die Bananen aus der Pfanne nehmen und beiseite stellen. 30 g Butter in der Pfanne zerlassen, die Orangenzesten und 80 g braunen Zucker hinzugeben. Unter ständigem Rühren den Zucker schmelzen. Mit dem Orangen-Limetten-Saft ablöschen und alles bei starker Hitze 2 bis 3 Minuten einkochen. Geben Sie nun 4 cl Grand Manier und 1 cl Arrak hinzu, halten Sie die Pfanne etwas schräg, und entzünden Sie mit einem Feuerzeug den Alkohol. Achten Sie dabei auf die Flammen, sie schlagen sofort hoch! Die angebratenen Bananen mit dem Bratfond in die Pfanne zurückgeben und noch einmal richtig erhitzen.

BANANEN-SCHOKOLADEN-KONFEKT Dass bittere Schokolade bestens mit den meisten Fürchten harmoniert, weiß jeder, der schon einmal auf dem Jahrmarkt Erdbeeren, Äpfel oder Bananen im Schokoladenmantel gegessen hat. Köstliches Bananen-Schokoladen-Konfekt können Sie aber auch leicht selbst herstellen. Am besten mit Apfelbananen: Diese kleinen, sehr süßen Bananen schmecken mit dem edelbitteren Schokoladenüberzug besonders gut. Halbieren Sie die Früchte längs. Größere Bananen können Sie zusätzlich noch in der Mitte quer halbieren. Anschließend mit geschmolzener Kuvertüre überziehen und nach Belieben mit karamellisierten Haselnüssen bestreuen.

Südfrüchte und exotische Früchte

(1) ZITRUSFRÜCHTE

Orangen, Zitronen und Limetten verleihen Desserts säuerliche, süße und herbe Aromen. Oft verwendet man nur den Saft, z. B. als Zutat zu Karamell. Aber auch das filetierte Fruchtfleisch wird häufig karamellisiert, weil der Zitrusgeschmack und die Süße des Zuckers besonders gut harmonieren.

Die äußere Schalenschicht von Zitrusfrüchten ist reich an ätherischen Ölen und eignet sich hervorragend zum Aromatisieren. Sie kann dünn abgeschält, mit dem Zestenreißer abgezogen oder mit der Reibe fein abgerieben werden.

Die kleinen ovalen Kumquats (im Bild unten in der Mitte) haben eine sehr dünne Schale, die mitgegessen werden kann, sie schmeckt süßwürzig.

(2) DATTELN UND FEIGEN

Datteln werden bei uns hauptsächlich getrocknet angeboten. Als so genannte Frischfrucht angebotene Datteln wurden nach der Ernte tiefgekühlt und vor dem Verkauf wieder aufgetaut. Letztere eignen sich für die Dattel-Rezepte in diesem Buch am besten.

Reife Feigen sind je nach Sorte birnenförmig oder rundlich. Sie sind meist zunächst grüngelb, dann rotbraun mit einem violetten Schleier. Das Innere der Feige ist hellrosa bis dunkelrot mit kleinen Samenkernen. Feigen tragen dreimal im Jahr Früchte. Die von April bis Juni geernteten Frühfeigen schmecken am besten.

(3)

(3) MINI-SÜDFRÜCHTE

Die kleinfrüchtigen Züchtungen von Ananas und Banane sind nicht nur besonders dekorativ und ideal als Portionsfrüchte. Sie haben auch ein besonders intensives Aroma.

PASSIONSFRÜCHTE

Maracujas und Granadillas – purpurfarben oder gelb, aber auch die kleinfrüchtigen, länglich ovalen Curubas (nicht abgebildet) gehören zur großen Familie der Passionsfrüchte. Verzehrt wird das intensiv süß-aromatische geleeartige Fruchtfleisch mit den darin eingebetteten Samenkernen. Wer den ebenfalls hocharomatischen Fruchtsaft gewinnen möchte, passiert das Fruchtfleisch durch ein feines Sieb.

(4)

(4) MANGOS

Sie zählen zu den wichtigsten Tropenfrüchten. Mangos werden birnen- bis kokosnussgroß, können rundlich, walzen- oder nierenförmig sein und von grün-gelber, grün-roter oder gelb-roter Farbe. Das leicht faserige goldgelbe Fruchtfleisch schmeckt pfirsichähnlich.

Mangos sind das ganze Jahr im Angebot. Sie werden halbreif geerntet und haben ihre Verzehrsreife erlangt (funktioniert auch zuhause bei Zimmertemperatur), wenn sie intensiv duften und die Schale auf leichten Druck nachgibt. Reife Früchte bewahren Sie dunkel und kühl, aber nicht im Kühlschrank auf.

Ananas im Kokos-Curry-Mantel

FÜR 4 PORTIONEN
ZUBEREITUNG 30 bis 45 Min.
+ RUHEN 2 Std.

FÜR DEN AUSBACKTEIG
- 25 g Butter
- 30 g Zucker, 1 Ei, 40 g Sahne
- etwa 50 ml Ananassaft
- 25 g Kokoscreme (Supermarkt, Asia-Regal)
- 1 EL Kokosflocken
- Mark von ½ Vanilleschote
- Saft von ½ Zitrone
- 1 TL Currypulver
- 1 Msp. Cayennepfeffer
- 75 g Mehl

AUSSERDEM
- Fett zum Frittieren
- 1 kleine Ananas
- Schaschlikspieße aus Holz zum Aufspießen
- Puderzucker zum Bestauben nach Belieben

Obst-im-Teig-Klassiker

APFELKÜCHLEIN Schälen Sie 750 g Äpfel (etwa Cox Orange), befreien Sie sie vom Kernhaus, und schneiden Sie sie in 1 cm dicke Ringe. Mit 50 g Zucker bestreuen, mit Zitronensaft und 2 cl Rum beträufeln. Zugedeckt ziehen lassen. 200 g Mehl, 2 Eier, je 125 ml Apfelsaft und Weißwein, eine Messerspitze Salz sowie etwas Schale einer Bio-Zitrone in eine Schüssel geben. Alles zu einem dickflüssigen Teig verarbeiten und 30 Minuten quellen lassen. Die marinierten Apfelscheiben gut abtropfen lassen. Ziehen Sie die Scheiben dann durch den Teig und backen Sie sie aus.

1. Für den Ausbackteig die Butter schmelzen lassen, in einen Pürierbecher geben und etwas abkühlen lassen. Geben Sie dann Zucker, Ei, Sahne, 3 EL Ananassaft, Kokoscreme und -flocken, Vanillemark, Zitronensaft, Currypulver und Cayennepfeffer zu. Alles mit einem Pürierstab pürieren.

2. Passieren Sie die Mischung durch ein feines Sieb in eine nicht zu große Schüssel. Das Mehl unterrühren und den Ausbackteig für mindestens 2 Stunden kalt stellen.

3. Erhitzen Sie das Frittierfett in einem geeigneten Topf auf 170 °C. Lösen Sie inzwischen das Ananasfruchtfleisch aus der Schale, und befreien Sie es von der harten Mittelachse. Das Fruchtfleisch in mundgerechte Stücke schneiden. Den Backofen auf 70 °C vorheizen. Ein Backblech mit Küchenpapier belegen und in den Ofen schieben.

4. Den Ausbackteig durchrühren; falls er zu dickflüssig ist, noch etwas Ananassaft unterrühren. Die Ananasstücke jeweils einzeln aufspießen, in den Ausbackteig tauchen und ins heiße Fett geben. Am besten verwenden Sie zum Abstreifen der Früchte vom Spieß einen zweiten Schaschlikspieß.

5. Sobald die ummantelten Ananasstücke jeweils goldbraun sind, heben Sie sie mit einem Sieblöffel aus dem Fett und geben sie auf das Blech im Ofen. Sind alle Obststücke fertig ausgebacken, das Dessert sofort auf vorgewärmten Tellern servieren. Nach Belieben mit Puderzucker bestauben und wieder mit Spießen besteckt servieren.

Obstvarianten

Servieren Sie das Dessert wahlweise mit Stücken von Banane oder Mango. Auch diese Südfrüchte harmonieren gut mit dem Curryaroma.

S. 32
KOCHKURS Ananas

S. 83
WARENKUNDE Exotische Früchte

Portweinfeigen und Kartoffelplätzchen

FÜR 4 PORTIONEN
ZUBEREITUNG 1 Std. 45 Min.
(ohne Abkühlzeit für den Teig)

FÜR DIE PORTWEINFEIGEN
- 50 g unraffinierter Rohrzucker (alternativ brauner Zucker)
- 100 ml Rotwein
- 1 Gewürznelke
- 1 Msp. Kardamom
- 200 ml roter Portwein
- 1 gestr. EL Speisestärke
- 8 frische Feigen

FÜR DIE KARTOFFEL-PLÄTZCHEN
- 200 g mehlig kochende Kartoffeln
- 250 ml Milch, 2 EL Zucker
- 1 Msp. Muskatnuss
- 1 Prise Salz
- 45 g Polenta (Maisgrieß)
- 2 Eigelbe (Eier Größe M)
- Butter zum Braten
- Kartoffelpresse
- Ausstechformen von beliebiger Form

Servieren Sie die Kartoffelplätzchen mit Quark und Erdbeeren als leichtes Mittagessen.

1. Für die Kartoffelplätzchen kochen bzw. dämpfen Sie die Kartoffeln in der Schale in etwa 30 Minuten weich. Die Kartoffeln dann gut abdampfen lassen, noch heiß pellen und durch die Kartoffelpresse in eine Schüssel drücken.

2. Die Milch mit Zucker, Muskat und dem Salz aufkochen, den Maisgrieß unter Rühren langsam einrieseln lassen, kurz unter Rühren aufkochen. Heben Sie nun die Kartoffelmasse zügig unter, und rühren Sie weiter, bis sich der Teig vom Topfrand löst. Den Topf dann von der Kochstelle ziehen und die Masse etwas abkühlen lassen. Die Eigelbe zügig unterrühren.

3. Ein Backblech leicht mit Wasser befeuchten, den Kartoffelteig auf der Hälfte der Fläche glatt ausstreichen und vollständig abkühlen lassen. Danach stechen Sie dicht an dicht mit einem Plätzchenausstecher Formen aus (beispielsweise Herzen, Rauten, Kreise, Monde).

4. Für die Portweinfeigen lassen Sie den Zucker in einer Kasserolle karamellisieren und löschen mit dem Rotwein ab. Nelke, Kardamom und den Portwein zugeben, die Mischung aufkochen, die Nelke entnehmen und den Sud mit der in wenig kaltem Wasser angerührten Speisestärke binden. Schälen Sie die Feigen, und vierteln Sie sie. Legen Sie die Feigenviertel in den Sud ein, und halten Sie ihn warm.

5. Die Kartoffelplätzchen in einer Pfanne in heißer Butter beidseitig hellbraun braten. Auf vorgewärmten Tellern anrichten und die Portweinfeigen mit jeweils etwas Sud darüber geben.

Mit Biokartoffeln

Die Plätzchen gelingen am besten mit Biokartoffeln. Denn diese wässern nicht und haben außerdem einen besonders guten Geschmack.

S. 82
WARENKUNDE Südfrüchte

Kompott und Halbgefrorenes vom Rhabarber mit Quarkkeulchen

FÜR 4 PORTIONEN
ZUBEREITUNG 1 Std. 25 Min.
+ GEFRIEREN 2 Std. 30 Min.

FÜR DAS RHABARBER-ERDBEER-KOMPOTT
- 500 g Rhabarber
- 200 g Zucker
- 1 TL abgeriebene Schale von einer Bio-Zitrone
- 250 g Erdbeeren
- 1 gestr. EL Speisestärke zum Binden

FÜR DAS HALBGEFRORENE
- 3 Eigelbe
- 40 g Puderzucker
- 1 EL Honig
- 125 g Rhabarberkompott (siehe erstes Teilrezept links)
- 250 g Sahne

FÜR DIE QUARKKEULCHEN
- 150 g fest kochende Kartoffeln (etwa Linda)
- 70 g Mehl
- 80 g Quark
- 1 geh. EL Vanillezucker
- 1 Ei (Größe M)
- 1 cl Rum
- Butter zum Braten

1. Die Rhabarberstangen waschen und die feine Haut abziehen. Schneiden Sie die Stangen in etwa ½ cm breite Stücke und bringen Sie sie mit etwas Wasser, dem Zucker und der Zitronenschale in einem Topf zum Kochen. Das Ganze köcheln, bis sich die Rhabarberstruktur auflöst. Inzwischen die Erdbeeren waschen, putzen und längs in Scheiben schneiden.

2. Nehmen Sie nun vom Rhabarberkompott 125 g für das Halbgefrorene ab (kühl stellen). Binden Sie den restlichen Rhabarber mit der in wenig Wasser aufgelösten Stärke: Stärkelösung einrühren, das Kompott unter Rühren nochmals aufkochen, kurz durchkochen und dabei andicken lassen. Die Kochstelle ausschalten und die Erdbeeren dazugeben, das Kompott darf dabei nicht mehr kochen.

3. Für das Halbgefrorene schlagen Sie Eigelbe und Puderzucker mit den Quirlen des Handrührgeräts dicklich auf, ziehen den Honig und das abgekühlte Rhabarberkompott unter. Die Sahne steif schlagen und unterheben, die Masse in vier kleine Förmchen (etwa Timbaleförmchen) geben, diese für etwa 3 Stunden ins Tiefkühlgerät stellen.

4. Nach 1 Stunde 30 Minuten Gefrierzeit für das Halbgefrorene beginnen Sie mit der Zubereitung der Quarkkeulchen: Kochen Sie die Kartoffeln in der Schale in wenig Wasser in etwa 30 Minuten weich, pellen Sie sie und drücken Sie sie durch die Kartoffelpresse. Das Kartoffelmus mit dem Mehl bestauben, etwas abkühlen lassen und mit den restlichen Zutaten zu einem Teig verkneten. Formen Sie daraus acht kleine Keulchen, diese für mindestens 1 Stunde kalt stellen.

5. Braten Sie dann die Quarkkeulchen in einer Pfanne in heißer Butter rundum goldbraun. Geben Sie auf jeden Dessertteller eine Portion Rhabarber-Erdbeer-Kompott. Darauf jeweils eine Portion Rhabarber-Halbgefrorenes anrichten. Um das Eis aus den Förmchen zu stürzen, tauchen Sie diese jeweils kurz in heißes Wasser. Dazu je zwei in Butter goldgelb ausgebackene Quarkkeulchen reichen.

Binden mit Stärke

Speisestärke muss vor dem Einrühren in heiße Flüssigkeit unbedingt in ein wenig kaltem Wasser aufgelöst werden, sonst entstehen Klumpen. Geben Sie die Stärkelösung am besten portionsweise unter Rühren zu, bis die gewünschte Konsistenz erreicht ist. Dann das Ganze unbedingt einmal durchkochen, sonst verbleibt ein leichter Mehlgeschmack.

Schokoladenravioli mit Kirschragout

FÜR 4 BIS 6 PORTIONEN
ZUBEREITUNG 1 Std. + RUHEN 2 Std.

FÜR DIE SCHOKOLADENRAVIOLI
- 160 g Mehl, 2 Eier
- 2 TL Kakaopulver
- 1 TL Weizengrieß
- Mehl zum Ausrollen
- 1 verquirltes Eigelb zum Bestreichen
- 2 EL Zucker für das Kochwasser

FÜR DIE FÜLLUNG
- 50 g weiße Kuvertüre
- 80 g Ricotta
- 1 Spritzer Zitronensaft
- Mark von ½ Vanilleschote
- 20 g Zucker
- 1 Eigelb

FÜR DAS KIRSCHRAGOUT
- 40 g Zucker
- 65 ml roter Portwein
- 50 ml Rotwein
- 100 ml Kirschsaft
- 25 g eiskalte Butter
- 200 g entsteinte Kirschen

(1)

RAVIOLI HERSTELLEN

Schokoladenravioli Schritt für Schritt

(1) Teig auf der leicht bemehlten Arbeitsfläche möglichst dünn ausrollen, halbieren. Auf einer Hälfte mit einem runden Ausstecher (oder schmalen Trinkglas) Kreise mit etwas Abstand ein-, aber nicht durchdrücken.

(2) In die Mitte der Kreise jeweils etwas Füllung geben. Rundum jeweils verquirltes Eigelb streichen, die zweite Teigplatte vorsichtig auflegen.

(3) Den Teig rund um die Füllung jeweils fest andrücken, dann mit dem Ausstecher die Ravioli ausstechen.

(2)

(3)

1. Für den Ravioliteig verarbeiten Sie alle Zutaten mit den Knethaken des Handrührgeräts zu einem festen, geschmeidigen Teig, gegebenenfalls ganz wenig Wasser zugeben. Teig in Folie eingeschlagen 2 Stunden im Kühlschrank ruhen lassen.

2. In der Zwischenzeit hacken Sie für die Ricottafüllung die Kuvertüre grob und schmelzen sie auf einem heißen Wasserbad. Ricotta, Zitronensaft, Vanille, Zucker und Eigelb verrühren, die aufgelöste Kuvertüre gut unterrühren.

3. Nach der Ruhezeit den Nudelteig hauchdünn ausrollen, mit der Ricottacreme füllen (siehe Steps) und zu Ravioli formen.

4. Nun bereiten Sie das Kirschragout zu: Den Zucker in einem Topf karamellisieren, mit Portwein, Rotwein und Kirschsaft ablöschen und die Sauce bei starker Hitze auf die Hälfte reduzieren. Den Topf von der Kochstelle nehmen und die kalte Butter in Stückchen nach und nach einrühren. Die Kirschen einlegen und die Sauce warm halten.

5. Für die Ravioli in einem weiten Topf reichlich Wasser mit dem Zucker aufkochen lassen. Geben Sie die Ravioli in das leicht kochende Wasser, und lassen Sie sie darin etwa 3 Minuten kochen. Inzwischen richten Sie das Kirschragout auf Tellern an und verteilen die abgetropften Ravioli darauf.

Saisonunabhängig

Das Kirschragout können Sie auch mit Kirschen aus dem Glas zubereiten. Dann statt Kirschsaft das Einlegewasser verwenden.

S. 52
KOCHKURS Karamell

Eingelegte Feigen mit Mohnknödeln

FÜR 6 PORTIONEN
ZUBEREITUNG 1 Std. 30 Min.
+ DURCHZIEHEN 24 Std.
+ RUHEN (TEIG) 1 Std.

FÜR DIE EINGELEGTEN FEIGEN
- 180 g Zucker
- 1 ½ Zimtstangen
- Mark von 1 ½ Vanilleschoten
- 300 ml roter Portwein
- 300 ml Rotwein
- 120 ml Cassis (Johannisbeerlikör)
- 8 frische blaue Feigen

FÜR DIE MOHNKNÖDEL
- 250 g Milch
- 100 g Butter
- Mark von 1 Vanilleschote
- 1 EL Honig
- 40 g Puderzucker
- 40 g Weizengrieß
- 150 g gemahlener Mohn
- 70 g entrindetes Toastbrot
- 1 Ei
- 1 Eigelb

1. Für die eingelegten Feigen den Zucker in einem Topf karamellisieren, Zimtstangen und Vanillemark zugeben, dann den Karamell mit Portwein, Rotwein und dem Likör ablöschen. Den Sud offen um etwa ein Viertel reduzieren.

2. Waschen Sie die Feigen vorsichtig, und legen Sie sie in den Rotweinsud. Den Topf von der Kochstelle nehmen und die Feigen im Sud 24 Stunden ziehen lassen.

3. Am nächsten Tag für die Mohnknödel die Milch zusammen mit der Butter, dem Vanillemark, dem Honig und dem Puderzucker aufkochen, den Topf von der Kochstelle nehmen. Geben Sie Grieß und Mohn zu, und lassen Sie die Masse quellen, bis die komplette Flüssigkeit aufgesogen ist. Dann die Masse leicht abbrennen (siehe Kniff) und abkühlen lassen.

4. Schneiden Sie das Toastbrot in kleine Würfel, und vermengen Sie diese in einer Schüssel mit Ei und Eigelb. Das Ganze unter die abgekühlte Mohnmasse rühren. Die Mohnknödelmasse mindestens 1 Stunde ruhen lassen.

5. In einem weiten Topf reichlich Wasser aufkochen. Formen Sie aus der Mohnmasse 12 kleine Knödel, legen Sie diese in das leicht siedende Wasser ein, und lassen Sie sie darin gar ziehen: nachdem sie an die Oberfläche gestiegen sind, noch kurz im Wasser lassen.

6. Die Knödel mit einem Sieblöffel aus dem Wasser heben, je 2 auf einen Teller setzen. Geben Sie je 2 Feigen – nach Belieben halbiert oder geviertelt – dazu, und gießen Sie etwas Weinsud an.

Abbrennen

Rühren Sie bei starker Hitze mit einem Kochlöffel den Teig im Topf, bis er sich von der Wand des Gefäßes löst. Dann ist die gesamte Stärke im Mehl verkleistert – daher auch die Bezeichnung Brandteig (siehe Seite 19).

S. 52
KOCHKURS Karamell

S. 82
WARENKUNDE Südfrüchte

Datteln mit Spekulatiussahne

FÜR 4 PORTIONEN
ZUBEREITUNG 25 Min.
+ KÜHLEN mind. 30 Min.

ZUTATEN
- 1 Blatt Gelatine
- 50 g Spekulatius
- 150 g Sahne
- Mark von ½ Vanilleschote
- 40 g Zucker, 1 Prise gemahlener Zimt
- abgeriebene Schale von je ¼ Bio-Zitrone und -Orange
- 1 Eigelb
- 12 Datteln (ca. 200 g)

AUSSERDEM
- Zimtrinde zum Anrichten

1. Die Gelatine in kaltem Wasser einweichen. In der Zwischenzeit zerbröseln Sie die Spekulatius grob (z. B. in einem Gefrierbeutel) und kochen sie zusammen mit 80 g Sahne, dem Vanillemark, dem Zucker und Zimt auf. Dann das Ganze von der Kochstelle nehmen und mit einem Pürierstab pürieren. Geben Sie die Zitronen- und Orangenschale dazu, drücken Sie die Gelatine aus, geben Sie sie in die Mischung und lösen Sie sie unter Rühren darin auf. Das Eigelb verquirlen und unterrühren.

2. Rühren Sie die Spekulatiusmischung auf einem Eiswasserbad (siehe Kniff Seite 151) kalt. Schlagen Sie die restliche Sahne steif, und heben Sie sie unter. Die Spekulatiussahne für mindestens 30 Minuten kalt stellen.

3. Danach häuten Sie die Datteln nach Belieben, halbieren und entkernen die Früchte. Weiterverfahren wie unten gezeigt und beschrieben. Jeweils 3 gefüllte Datteln mit Zimtrinde dekoriert anrichten.

DATTELN VORBEREITEN
die Früchte häuten, entkernen, füllen

(1) Insbesondere von Datteln, deren Oberfläche leicht schrumpelig oder etwas unregelmäßig ist, die Haut abziehen. Früchte mit praller, fest anliegender Haut müssen nicht gehäutet werden. Dann die Datteln halbieren und den Kern entfernen.

(2) Die Spekulatiusmasse in einen Spritzbeutel mit mittelgroßer Tülle geben und davon auf jede zweite Dattelhälfte großzügig aufspritzen.

(3) Die übrigen Dattelhälften auflegen und leicht andrücken.

Creme und Mousse

Mohnmousse auf Beerencoulis

FÜR 4 BIS 6 PORTIONEN
ZUBEREITUNG 20 Min.
+ KÜHLEN 3 Std.

FÜR DIE MOHNMOUSSE
- 2 Blatt Gelatine
- 250 g Sahne, 2 cl Cognac
- 3 Eigelbe (Eier Größe M)
- 40 g Puderzucker
- 125 g gemahlener Mohn

FÜR DIE BEERENCOULIS
- 250 g gemischte Beeren, frisch oder tiefgekühlt
- 35 g Zucker
- 2 cl Crème de Cassis (Johannisbeerlikör)

1. Weichen Sie die Gelatine in kaltem Wasser ein. Inzwischen die Sahne steif schlagen. Erwärmen Sie den Cognac in einem kleinen Topf, und lösen Sie die ausgedrückte Gelatine darin auf.

2. Schlagen Sie die Eigelbe zusammen mit Puderzucker dicklich auf. Den Mohn unterziehen und die im Cognac aufgelöste Gelatine zügig einarbeiten. Die geschlagene Sahne unterheben, die Masse in einer weiten Schale für 3 Stunden kalt stellen.

3. Inzwischen tauen Sie, falls verwendet, die tiefgekühlten Beeren auf. Frische Beeren kalt abbrausen, abtropfen lassen. Kochen Sie die Früchte dann zusammen mit dem Zucker auf. Weiterkochen lassen, bis die Beeren zerfallen. Den Likör zugeben, die Beerenmischung abkühlen lassen und durch ein Haarsieb streichen.

4. Auf jedem Teller einen Spiegel von Beerencoulis gießen. Pro Person drei Nocken Mohnmousse auf dem Saucenspiegel platzieren.

S. 34
KOCHKURS Fruchtsaucen

Berühmter Klassiker: die Bayerische Creme

Die Bayerische Creme basiert auf einer Vanillecreme, zu der Gelatine und geschlagene Sahne gegeben wird.

ZUBEREITUNG DER GRUNDCREME 500 ml Milch mit einer aufgeschlitzten Vanilleschote aufkochen. Nehmen Sie dann die Schote heraus, und streifen Sie das Mark wieder in die heiße Milch. Anschließend die Vanillemilch warm stellen. Vermischen Sie mit dem Schneebesen 4 Eigelbe mit 100 g Zucker zunächst leicht, anschließend schlagen Sie sie kräftiger. Rühren Sie die Eigelb-Zucker-Masse mit dem Schneebesen cremig. Dabei sollte die Creme allerdings nicht schaumig werden, da sie sonst zu viel Luft enthält. Gießen Sie unter ständigem Rühren die Vanillemilch in die Eigelb-Zucker-Masse. Die Creme vorsichtig unter Rühren erhitzen, bis sie am Kochlöffel haftet und beim Darüberfahren mit dem Finger eine sichtbare Spur bleibt (siehe Seite 24). Gießen Sie die Creme durch ein feines Sieb, um eventuell vorhandene feine Klümpchen zu entfernen.

FERTIGSTELLEN DER BAYERISCHEN CREME Weichen Sie 7 Gelatineblätter ein, und rühren Sie sie unter die warme Vanillecreme, bis sich die Gelatine aufgelöst hat. Passieren Sie die Creme durch ein Sieb in eine Schüssel, die auf Eiswasser steht. Die Creme kalt rühren. Dabei sollten Sie jedoch keinesfalls schlagen, sondern vorsichtig rühren, da die Creme nicht schaumig werden soll. Wenn die Creme abgekühlt ist, die geschlagene Sahne mit dem Schneebesen unterziehen. Dies ist die entscheidende Phase für das Gelingen der Bayerischen Creme: Die Grundmasse darf nicht zu warm und flüssig sein, weil sich sonst auch die geschlagene Sahne wieder verflüssigt. Ist sie jedoch zu kalt, verfestigt sich die mit Gelatine versetzte Sahne sofort, und es entsteht keine homogene Creme. Die ideale Konsistenz hat die Bayerische Creme, wenn sie dickflüssig vom Löffel fließt. Gut kühlen, dann stürzen.

VARIANTEN DER BAYERISCHEN CREME Bayerische Creme kann geschmacklich variiert und in die verschiedensten Richtungen aromatisiert werden, z. B. durch Zugabe von Kaffee, Schokolade, Nüssen oder Früchten.

Charlotte von Cappuccino in Blutorangen-Gewürzsauce

FÜR 4 PERSONEN
ZUBEREITUNG 1 Std. 15 Min.

FÜR DIE CHARLOTTE
- 10 Espresso-Kaffeebohnen (ersatzweise normale Kaffeebohnen)
- 100 g Sahne
- 1 Blatt Gelatine
- 1 Eigelb (ca. 20 g), 3 TL Zucker (15 g)
- etwas gemahlene Vanille
- 1 Spritzer Mokkalikör
- 10 g geschlagene Sahne
- 1 Eiweiß (ca. 30 g)
- 4 Portionsformen von 125 ml Inhalt

FÜR DIE BLUTORANGEN-GEWÜRZSAUCE
- 4 Blutorangen, davon mind. 1 Bio-Frucht
- ½ Stängel Zitronengras
- 200 ml Blutorangensaft
- ½ Zimtstange, etwas gemahlene Vanille
- etwas Lebkuchengewürz
- 40 g Zucker, Saft von 1 Zitrone

FÜR DIE DEKORATION
- Pralinenüberziehfolie (vom Konditor oder aus dem Haushaltsfachgeschäft), nach Belieben
- 6 Espresso-Kaffeebohnen (ersatzweise normale Kaffeebohnen)
- 80 g Vollmilchkuvertüre

(1)

BLUTORANGEN-GEWÜRZSAUCE ZUBEREITEN

Nehmen Sie außerhalb der Saison gelbe Orangen.

(1) Den Blutorangensaft in einen Topf geben. Die abgeriebene Orangenschale, die Zimtstange, die gemahlene Vanille, das Lebkuchengewürz und den Zitronengrasstängel zufügen und alles aufkochen.

(2) Lassen Sie in einer Pfanne den Zucker mit dem Zitronensaft braun karamellisieren, und löschen Sie ihn mit dem kochenden Gewürzfond ab.

(3) Die Sauce erkalten lassen und durch ein feines Sieb auf die Blutorangenfilets gießen. Diese bis zum Servieren marinieren.

(2)

(3)

1. Für die Charlotte die Kaffeebohnen grob hacken. Kochen Sie dann die Sahne mit den Bohnen auf, und lassen Sie die Mischung 4 bis 5 Minuten ziehen. Die Gelatine in kaltem Wasser einweichen. Die Mokkasahne durch ein feines Sieb gießen. Sollten dabei weniger als 60 g übrig bleiben, füllen Sie mit Sahne bis zu dieser Menge auf.

2. Das Eigelb mit 2 TL Zucker und der Vanille schaumig schlagen. Die heiße Mokkasahne einrühren. Die eingeweichte Gelatine gut ausdrücken, ebenfalls zugeben. Alles gut verrühren, bis sich die Gelatine aufgelöst hat. Stellen Sie die Mokkasahne dann kühl, bis sie anzieht. Das dauert etwa 15 Minuten.

3. Schlagen Sie inzwischen das Eiweiß mit dem übrigen Zucker steif und heben es mit dem Mokkalikör sowie der geschlagenen Sahne unter. Die Formen nach Belieben mit Pralinenüberziehfolie auslegen, die Masse einfüllen und kalt stellen.

4. Für die Sauce 1 Bio-Orange heiß waschen, trocknen, die Hälfte der Schale fein abreiben. Filetieren Sie alle 4 Orangen, abtropfenden Saft auffangen, zu den Filets geben. Vom Zitronengrasstängel das äußere Blatt entfernen. Weiterverfahren wie links unten beschrieben.

5. Hacken Sie die Kaffeebohnen für die Dekoration grob. Die Kuvertüre wie auf Seite 47, Bild 1 bis 3 beschrieben temperieren (schmelzen), abkühlen lassen, wieder erwärmen. Verstreichen Sie sie auf Backpapier, streuen Sie die Kaffeebohnenstücke auf. Die Schokolade fest werden lassen.

6. Die Charlotten stürzen, mit der Blutorangen-Gewürzsauce nappieren. Mit grob gebrochener Kaffee-Schokolade garnieren.

Zimtmousse auf Karamellsauce

FÜR 4 PORTIONEN
ZUBEREITUNG 40 Min.
+ KÜHLEN 4 Std.

FÜR DIE ZIMTMOUSSE
- 50 g weiße Kuvertüre
- 140 g Sahne
- 2 Eiweiße (Eier Größe S)
- 25 g Zucker
- 1 Blatt Gelatine
- ½ TL gemahlener Zimt

FÜR DIE KARAMELLSAUCE
- 25 g Puderzucker
- 100 ml Orangensaft
- ½ Vanilleschote
- 1 gestr. TL Speisestärke zum Binden

1. Für die Zimtmousse schmelzen Sie die Kuvertüre im Wasserbad und schlagen währenddessen 125 g von der Sahne halbsteif. Eiweiße mit Zucker zu sehr festem Eischnee schlagen. Die Gelatine in wenig Wasser einweichen.

2. Die eingeweichte Gelatine etwas ausdrücken und in die warme Schokolade einrühren. Geben Sie nun das Zimtpulver dazu, und rühren Sie die Mischung mit der restlichen flüssigen Sahne glatt. Zuerst den Eischnee, dann die Sahne unterziehen. Die Masse für mindestens 4 Stunden in den Kühlschrank stellen.

3. Inzwischen bereiten Sie die Karamellsauce zu: Geben Sie den Puderzucker in eine Kasserolle und lassen Sie ihn auf der Kochstelle unter Rühren hellbraun karamellisieren, dann sofort mit dem Orangensaft ablöschen. Aus der Vanilleschote das Mark auskratzen und mit der Schote zum Saft geben. Die Mischung aufkochen und unter Rühren kochen, bis sich der Zucker gelöst hat.

4. Nehmen Sie die Vanilleschote heraus, und binden Sie die Sauce mit der in wenig Wasser aufgelösten Stärke: Stärkelösung einrühren, die Sauce unter Rühren nochmals aufkochen, kurz durchkochen und dabei andicken lassen. Die Orangenkaramellsauce bis zum Servieren ebenfalls kühl stellen.

5. Gießen Sie auf vier Dessertteller oder in Schalen bzw. Eisbecher jeweils einen Spiegel von Orangenkaramellsauce. Die Zimtmousse entweder in Nocken darauf anrichten oder mit einem Spritzbeutel mit weiter Tülle aufspritzen. Garnieren Sie nach Belieben mit der in Streifen geschnittenen halben Vanilleschote.

Winterliche Variante

Ersetzen Sie den Zimt durch Lebkuchengewürz, erhalten Sie eine wunderbar leichte Lebkuchenmousse. Zum Andicken der Sauce können Sie statt Speisestärke auch Johannisbrotkernmehl verwenden. Dieses bindet auch kalte Flüssigkeiten, so dass Sie die Orangenkaramellsauce auch erst nach der Kühlzeit andicken können.

S. 13
KOCHKURS Gelatine
S. 52
KOCHKURS Karamell

Joghurtmousse mit Orangenkaramell

FÜR 6 PORTIONEN
ZUBEREITUNG 1 Std.
+ KÜHLEN 26 Std.

FÜR DEN ORANGENKARAMELL
- 125 ml Orangensaft
- 125 g Butter
- 250 g Zucker
- 80 g Mehl

FÜR DIE JOGHURTMOUSSE
- 3 Blatt Gelatine
- Saft von 1 Zitrone
- 100 g Puderzucker
- 250 g Joghurt, 2 cl Orangenlikör
- Mark von 1 Vanilleschote
- 200 g Sahne

AUSSERDEM
- Orangenfilets und klein geschnittene Zitronenmelisse zum Anrichten

1. Am Vortag den Orangenkaramell zubereiten. Erwärmen Sie Orangensaft, Butter und Zucker, so dass sich der Zucker auflöst. Die Mischung aber nicht kochen. Das Mehl einrühren und die Mischung für 24 Stunden kalt stellen.

2. Am nächsten Tag für die Joghurtmousse die Gelatine in kaltem Wasser einweichen. Zitronensaft und Puderzucker verrühren, erwärmen und darin die ausgedrückte Gelatine auflösen. Verrühren Sie Joghurt, Likör und das Vanillemark, und geben Sie das Ganze zur Zuckerlösung. Alles auf einem Eiswasserbad (siehe Kniff Seite 151) kalt rühren. Die Sahne steif schlagen und unterheben. Die Masse für etwa 2 Stunden kalt stellen.

3. Inzwischen den Backofen auf 160 °C vorheizen. Die Orangenkaramellmasse auf Backpapier hauchdünn aufstreichen und im heißen Ofen (Mitte) in etwa 15 Minuten goldbraun backen. Nehmen Sie das Backpapier vom Blech, und lassen Sie den Karamell vollständig abkühlen, bevor Sie ihn in Stücke brechen.

4. Mit dem Orangenkaramell Dessertteller belegen, von der Moussemasse Nocken abstechen oder Scheiben abschneiden und darauf setzen. Das Dessert mit Orangenfilets und Zitronenmelisse anrichten.

Quarkmousse mit Aprikosenconfit

FÜR 4 PORTIONEN
ZUBEREITUNG 45 Min. (ohne Abkühlen)

FÜR DIE MOUSSE
- 100 ml Milch
- 2 EL Zucker
- 10 g Vanillepuddingpulver
- 1 Eigelb
- etwas gemahlene Vanille
- 100 g Sahne
- 100 g Eiweiß
- 70 g Zucker
- 6 Minzblätter
- 100 g Magerquark (oder Schichtkäse)

FÜR DAS CONFIT
- 2 reife Aprikosen
- 160 g Aprikosenmark (Rezept Seite 148)
- etwas Zitronensaft

1. Für die Mousse die Milch mit 1 EL Zucker, Vanillepuddingpulver, Eigelb und Vanille unter ständigem Rühren zum Kochen bringen, andicken lassen und kalt stellen.

2. Inzwischen das Confit zubereiten: Die Aprikosen waschen, die Haut unten kreuzförmig einschneiden. Kochen Sie in einem Topf Wasser auf, blanchieren Sie die Früchte 1–2 Minuten darin, und schrecken Sie sie anschließend kalt ab. Von den Aprikosen mit einem kleinen Messer die Haut abziehen und den Stein entfernen.

3. Schneiden Sie die Aprikosen in Würfelchen, und geben Sie sie in das Aprikosenmark. Die Sauce mit Zitronensaft abschmecken und kalt stellen.

4. Schlagen Sie nun die Sahne mit 1 EL Zucker auf. Das Eiweiß ebenfalls steif schlagen, dabei 70 g Zucker nach und nach zugeben.

5. Die Minze für die Mousse fein hacken. Die Vanillecreme glatt rühren. Vom Quark eventuell abgesetzte Molke abgießen, den Quark glatt rühren, mit der Vanillecreme vermengen. Eischnee, Minze und geschlagene Sahne unterheben.

6. Füllen Sie die Mousse in einen Spritzbeutel mit weiter glatter Tülle, und spritzen Sie sie in Dessertgläser (etwa halb voll). Obenauf das Confit platzieren.

Perfekter Eischnee

Achten Sie darauf, dass die Eiweiße klar sind, also frei von Eigelb (und dem darin enthaltenen Fett), und dass der Rührbesen sauber ist, denn Fett verhindert das Steifwerden. Schlagen Sie Eischnee außerdem keinesfalls zu lange, denn dann trennt er sich in seinen festen und seinen flüssigen Teil. Um dies zu vermeiden, gibt man etwas Zucker zur halbsteif geschlagenen Eiweißmasse (siehe auch Seite 13).

ANRICHTEIDEE Sie können das Dessert noch zusätzlich mit Schokoladenröllchen garnieren.

Rhabarber-Tiramisu

FÜR 8 PORTIONEN
ZUBEREITUNG 20 Min.
+ KÜHLEN 3 Std.

ZUTATEN
- 150 g Löffelbiskuits (nach Belieben selbst zubereitet, Rezept Seite 17)
- 1 doppelter Espresso, gesüßt
- 2 cl Amaretto
- 3 Blatt Gelatine
- 2 Eigelbe, 65 g Puderzucker
- 500 g Mascarpone
- 200 g Rhabarberkompott (Grundrezept siehe Seite 89), auf einem Sieb abgetropft
- 2 EL Milch
- Kakao zum Bestauben

1. Zerbröseln Sie die Löffelbiskuits leicht, mischen Sie Espresso und Amaretto und tränken Sie die Biskuits damit. Die Gelatine in kaltem Wasser einweichen.

2. Schlagen Sie die Eigelbe mit dem Puderzucker mit den Quirlen des Handrührers sehr cremig auf. Die Eigelbcreme mit dem Mascarpone verrühren und das Rhabarberkompott unterziehen.

3. Drücken Sie nun die eingeweichte Gelatine aus. Erhitzen Sie in einem kleinen Topf die Milch leicht, und lösen Sie die Gelatine darin unter Rühren auf. Dann die Gelatine zügig unter die Rhabarber-Mascarpone-Masse rühren.

4. Schichten Sie die getränkten Löffelbiskuits und die Rhabarber-Mascarpone-Masse in je zwei Schichten übereinander in eine Schale (die oberste Schicht ist Creme). Das Tiramisu mit Kakao bestauben und für etwa 3 Stunden kalt stellen.

Weichere Konsistenz

Mit der Gelatine bekommt das Tiramisu guten Stand und ist schnittfest. Wer es etwas cremiger möchte, lässt die Gelatine einfach weg.

S. 16
KOCHKURS Biskuit

Klassiker Tiramisu

GRUNDREZEPT Schlagen Sie 4 Eigelbe mit 75 g Zucker dickcremig auf. Rühren Sie löffelweise 500 g Mascarpone unter, und schmecken Sie die Creme mit abgeriebener Schale von einer Bio-Zitrone ab. Eine rechteckige Schale mit etwa 75 g Löffelbiskuits auslegen. 1 doppelten Espresso mit 4 cl Weinbrand und etwas Zucker oder mit 4 cl Amaretto mischen. Beträufeln Sie die Biskuits mit der Hälfte der Mischung, und verstreichen Sie dann die Hälfte der Creme darauf. Eine weitere Schicht Biskuits auflegen, mit Espresso tränken, darauf die restliche Mascarponecreme verstreichen. Lassen Sie das Dessert einige Stunden an einem kühlen Ort durchziehen, und servieren Sie es mit reichlich Kakaopulver bestaubt.

VARIANTE – TIRAMISU LIGHT Nehmen Sie statt 500 g Mascarpone nur 250 g, und verrühren Sie diesen mit 150 g Sahnequark und 100 g Joghurt. Nur 2 Eigelbe statt 4 mit dem Zucker cremig schlagen. Dann arbeiten Sie weiter wie im Grundrezept.

VARIANTE – TIRAMISU MIT ORANGE Schlagen Sie 4 Eigelbe mit 75 g Zucker dickcremig auf. Rühren Sie löffelweise 500 g Mascarpone unter, und schmecken Sie die Creme mit der abgeriebenen Schale von ½ Bio-Orange sowie 2 cl Orangenlikör ab. 100 ml Wasser mit 50 g Zucker (oder Orangenblütenhonig) und 2 großen Stücken Orangenschale aufkochen. Lassen Sie die Mischung etwas abkühlen, und geben Sie 2 cl Orangenlikör zu. Die Servierschüssel mit einer Schicht Löffelbiskuits (die Hälfte von insgesamt 150 g) auslegen, diese mit etwas Orangen-Zuckersirup beträufeln. Verstreichen Sie dann die Hälfte der Creme darauf. Eine zweite Schicht Biskuits auflegen und mit Sirup tränken. Die restliche Creme darauf verstreichen. Lassen Sie das Dessert vor dem Servieren einige Stunden an einem kühlen Ort durchziehen, und servieren Sie es mit kandierten Orangenscheiben, Orangenschalenstücken oder -streifen dekoriert (siehe auch Seite 55 Kochkurs »Dekorationen mit Zucker«).

NOCH EIN ITALIENISCHER DESSERTKLASSIKER MIT CREME UND BISKUIT Auch die berühmte römische Zuppa Inglese (Seite 112) ist eine Schichtspeise aus Creme – in diesem Fall englische Creme bzw. Vanillecreme – und saftig (unter anderem mit Hochprozentigem) getränkten Biskuits.

Cassata-Creme in Erdbeer-Basilikum-Sauce

FÜR 4 PORTIONEN
ZUBEREITUNG 30 Min.
+ DURCHZIEHEN 30 Min.

FÜR DIE CASSATA-CREME
- 15 g Pinienkerne
- 15 g Walnusskerne
- 20 g gehackte kandierte Kirschen (Belegkirschen)
- 20 g gehacktes Zitronat
- 20 g gehacktes Orangeat
- 30 ml Passionsfruchtlikör (oder Passionsfrucht-Limes)
- 3 Blatt Gelatine
- 100 g Eiweiß
- 80 g Zucker
- 100 g Sahne

FÜR DIE ERDBEER-BASILIKUM-SAUCE
- 150 g Erdbeeren
- 30 g Puderzucker
- 1 Spritzer Zitronensaft
- 1–2 EL Erdbeerlikör
- 2 Basilikumblätter

AUSSERDEM
- 4 Erdbeeren, halbiert
- ca. 2 EL unraffinierter Rohrzucker
- alter Aceto balsamico (mind. 10 Jahre gereift)

1. Für die Cassata-Creme die Pinienkerne in einer trockenen Pfanne unter Wenden rösten, bis sie goldbraun sind und duften, dann zusammen mit den Walnüssen hacken. Kandierte Kirschen, Zitronat, Orangeat und die gehackten Nüsse mit dem Passionsfruchtlikör beträufeln. Mischen Sie das Ganze, und lassen Sie es zugedeckt etwa 30 Minuten ziehen.

2. Nach dieser Marinierzeit die Gelatine in kaltem Wasser einweichen. Eiweiß mit dem Zucker zu Schnee schlagen. Die Sahne ebenfalls steif schlagen. Die Gelatine ausdrücken, in einem kleinen Topf auf der heißen Kochstelle auflösen und nach und nach in die geschlagene Sahne einrühren.

3. Die kandierten Früchte zur Sahne geben und anschließend das geschlagene Eiweiß unterheben. Alles vorsichtig verrühren, in vier Dessertgläser füllen und kalt stellen.

4. Nun für die Sauce die Erdbeeren waschen, putzen und mit Puderzucker, Zitronensaft, Likör und dem Basilikum mit dem Pürierstab zu Erdbeermark verarbeiten.

5. Die Dessertgläser mit der Sauce auffüllen. Die 8 Erdbeerhälften mit der Schnittseite in den Rohrzucker drücken und mit der Zuckerseite nach oben in die Sauce legen. Die Erdbeeren mit dem Aceto balsamico besprenkeln; das geht gut mit einer selbst gerollten Spritztüte (siehe Seite 37).

Nüsse schnell zerkleinern

Benötigen Sie eine größere Menge dieses Desserts, beispielsweise für 12 Gäste, dann zerkleinern Sie die dafür benötigten Walnüsse und Pinienkerne am besten im Mixer bzw. Blitzhacker.

S. 37
KOCHKURS Spritztüte herstellen

Zwetschgen-Panna-cotta

FÜR 4 PORTIONEN
ZUBEREITUNG 1 Std. + KÜHLEN 2 Std.

FÜR DAS ZWETSCHGENKOMPOTT
- 300 g entsteinte Zwetschgen (oder Pflaumen)
- 125 g Zucker, 1 Prise gemahlener Zimt
- 1 Prise frisch geriebene Muskatnuss

FÜR DIE PANNA COTTA
- 1 Vanilleschote
- 350 g Sahne, 60 g Zucker
- 3 Blatt Gelatine
- 4 Förmchen von 125 ml Inhalt

1. Für das Kompott die Zwetschgen vierteln, mit 50 ml Wasser aufkochen, Zucker, Zimt und Muskat unterrühren, zugedeckt 5 Minuten kochen, dann abkühlen lassen. Geben Sie je 1 Pflaumenstück aus dem Kompott auf den Boden jedes Förmchens.

2. Für die Panna cotta die Vanilleschote längs aufschlitzen, das Mark auskratzen. Geben Sie das Mark mit der Schote, Sahne und Zucker in einen Topf, und bringen Sie die Mischung zum Kochen. Von der Kochstelle nehmen und etwa 5 Minuten abkühlen lassen.

3. Weichen Sie inzwischen die Gelatine in kaltem Wasser ein. Aus der Sahne die Vanilleschote entfernen.

4. Rühren Sie die Gelatine unter die Sahnemischung, und verteilen Sie die Flüssigkeit auf die Förmchen. Zugedeckt etwa 2 Stunden kühl stellen.

5. Zum Servieren auf jeden Teller etwas Zwetschgenkompott geben. Darauf je eine Panna-cotta-Portion stürzen (Kniff auf Seite 75) und nach Belieben warme Mandel-Vanillesauce dazureichen (Zubereitung siehe unten).

MANDEL-VANILLESAUCE HERSTELLEN
besonders fein durch das zarte Karamellaroma

(1) In einem Topf 25 g Butter erhitzen und 25 g Zucker einrühren, so dass er sich auflöst. 70 g gehackte Mandeln dazugeben und sehr hell karamellisieren lassen, dann 250 g Sahne dazugießen.

(2) 1 Vanilleschote mit einem spitzen Messer längs aufschneiden, das Mark herauskratzen und mit der Schote in die Sauce geben.

(3) Alles kurz aufkochen, dann durch ein feines Sieb gießen.

Zuppa Inglese »Indian Summer«

FÜR 8 PORTIONEN
ZUBEREITUNG 2 Std.

FÜR DEN BISKUIT
- 2 Eier (Größe L)
- 75 g Zucker, 75 g Mehl
- 1 Msp. Backpulver
- Springform von 18 cm Ø
- Fett für die Form

FÜR DIE KÜRBISFÜLLUNG
- 375 g Kürbisfruchtfleisch (etwa 700 g ungeschälter Kürbis)
- 1 TL unraffinierter Rohrzucker (alternativ brauner Zucker)
- 20 g Butter
- 350 g Sahne
- 25 g Orangenblütenhonig

FÜR DIE ZWETSCHGENFÜLLUNG
- 375 g entsteinte Zwetschgen (etwa 500 g Rohware)
- 20 g unraffinierter Rohrzucker (alternativ brauner Zucker)
- 1 TL fein gehackte Ingwerwurzel

FÜR DEN SIRUP
- etwas Speisestärke
- 2 EL Ahornsirup
- 2 cl Zwetschgengeist

AUSSERDEM
- Schale von etwa 18 cm Ø
- hauchdünne Scheiben von blauen Pflaumen für die Dekoration

1. Die Eier mit dem Zucker in etwa 5 Minuten sehr dicklich-cremig aufschlagen. Mehl mit dem Backpulver mischen, sieben und unter die Eimasse heben. Den Backofen auf 170 °C vorheizen.

2. Den Boden der Springform mit Backpapier auslegen und den Ring gut einfetten. Füllen Sie den Biskuitteig in die Springform. 15 bis 20 Minuten im Backofen (unten) backen. Dann herausnehmen, auskühlen lassen und den Biskuit waagerecht in vier Böden schneiden.

3. Schneiden Sie das Kürbisfruchtfleisch in grobe Spalten, die Sie auf Alufolie legen und mit dem Rohrzucker bestreuen. Die Butter in Flocken darauf verteilen. Die Alufolie zu einem Päckchen verschließen, dieses auf ein Backblech legen und die Kürbisspalten im Backofen bei 170 °C in etwa 45 Minuten weich garen.

4. Nehmen Sie die Kürbisspalten aus dem Backofen, und lassen Sie sie etwa 15 Minuten zugedeckt im Kühlschrank abkühlen. Dann pürieren Sie den Kürbis mit 100 g von der Sahne und mit dem Honig.

5. Die Zwetschgen zusammen mit 3 EL Wasser aufkochen, den Zucker und den Ingwer dazugeben, bei mittlerer Hitze zugedeckt 5 Minuten kochen. Nehmen Sie dann für den Sirup 2 EL Saft ab, und binden Sie ihn in einer Tasse mit etwas Speisestärke. Etwas abkühlen lassen. Dann mit dem Ahornsirup und dem Zwetschgengeist verrühren.

6. Die übrige Sahne steif schlagen. Kürbismasse in drei Viertel für die erste und ein Viertel für die zweite Schicht aufteilen. Jeweils sehr vorsichtig die Hälfte der Sahne unterarbeiten.

7. Legen Sie die Biskuitböden nebeneinander, und beträufeln Sie sie gleichmäßig mit dem Zwetschgensirup. Einen Boden in die Schale einlegen, darauf den größeren Teil der Kürbisfüllung geben. Vorsichtig die nächste Schicht Biskuit einlegen, darauf die eingedickten Zwetschgen, darauf wieder eine sirupgetränkte Biskuitschicht.

8. Verteilen Sie darauf den kleineren Teil der Kürbisfüllung, und legen Sie den letzten Boden darauf. Die Zuppa Inglese stürzen und mit Pflaumenscheiben belegen.

Mit Obst aus dem Glas

Falls keine frischen Zwetschgen zu bekommen sind, verwenden Sie einfach die gleiche Menge Zwetschgen aus dem Glas. Dann etwa 200 ml Zwetschgensaft aufkochen, mit Speisestärke binden, die Zwetschgen dazugeben und abkühlen lassen.

Klassiker Zuppa Inglese

In Likör getauchte und zwischen Cremes geschichtete Löffelbiskuits – das ist ein Lieblingsgericht vieler Italiener. Ihren Namen hat die Zuppa Inglese wahrscheinlich von der Vanillecreme, die man dafür benötigt: Sie wird in der Fachsprache als »Englische Creme« (Seite 24) bezeichnet.

ZUBEREITUNG 500 ml Milch mit ½ aufgeschlitzten Vanilleschote aufkochen. Die Schote entfernen, das Mark in die Milch zurückstreifen. 5 Eigelbe und 30 g Zucker mit dem Schneebesen cremig rühren. Die heiße Milch langsam in die Eigelb-Zucker-Masse rühren. Die Creme erhitzen, bis sie dickflüssig wird – dabei sollte sie jedoch nicht kochen! Stellen Sie ein Drittel der Vanillecreme beiseite. 2 Eiweiße steif schlagen und 70 g Zucker einrieseln lassen. Den Eischnee unter die übrige Vanillecreme ziehen. Dann rühren Sie 250 g Ricotta mit 50 g Zucker cremig, geben das beiseite gestellte Drittel der Vanillecreme hinzu und mischen 80 g fein gehackte Kuvertüre unter. 80 ml Läuterzucker (Kasten Seite 139) mit 8 cl Amaretto verühren. Legen Sie den Boden einer Schüssel mit Löffelbiskuits aus, und tränken Sie diese mit der Läuterzucker-Amaretto-Mischung. Die Schokoladencreme darauf verteilen, wieder eine Schicht Löffelbiskuis darauf legen, diese wieder gut mit Amaretto-Läuterzucker tränken. Darauf die Hälfte der Vanillecreme verteilen, mit getränkten Löffelbiskuits belegen. Erneut die restliche Vanillecreme verteilen und mit Löffelbiskuits belegen. 3 bis 4 Stunden im Kühlschrank durchziehen lassen.

ANRICHTEN Das Dessert mit 30 g gehobelter Zartbitter-Schokolade und 50 g Amarena-Kirschen verzieren. Erst kurz vor dem Servieren mit Puderzucker besieben.

Millefeuille mit Joghurtcreme und Limettensabayon

FÜR 4 PORTIONEN
ZUBEREITUNG 45 Min.
+ BACKEN 50 Min.

ZUTATEN
- 250 g fertig gekaufter tiefgekühlter Blätterteig

FÜR DIE JOGHURTCREME
- 2 Blatt Gelatine
- 1 Eigelb (Ei Größe M)
- Saft von 1 Limette
- Saft von 1 Orange
- 40 g Zucker
- 60 g Quark
- 150 g Joghurt
- 75 g Sahne

FÜR DIE SAUCE SABAYON
- 2 Eigelbe, 40 g Zucker
- Saft von 2 Limetten
- 30 ml Weißwein

Sie können das Millefeuille mit selbst hergestelltem oder auch gut mit tiefgekühltem Blätterteig zubereiten.

1. Legen Sie die Blätterteigplatten auf der Arbeitsfläche aus, und lassen Sie sie auftauen. In der Zwischenzeit die Joghurtcreme herstellen: Die Gelatine in kaltem Wasser einweichen. Eigelb, Limetten- und Orangensaft sowie den Zucker auf einem heißen Wasserbad aufschlagen.

2. Die Gelatine gut ausdrücken und in der heißen Flüssigkeit unter Rühren auflösen. Rühren Sie die Flüssigkeit anschließend auf einem Eiswasserbad (siehe Kniff Seite 151) kalt. Quark und Joghurt einrühren. Die Sahne steif schlagen und dann vorsichtig unterheben. Die Masse zum Gelieren in den Kühlschrank stellen, bis sie wieder benötigt wird.

3. Inzwischen den Backofen auf 190 °C vorheizen. Legen Sie die aufgetauten Blätterteigplatten übereinander, und rollen Sie sie etwa ½ cm dick bzw. auf eine Fläche von etwa 16 x 16 cm aus. Den Teig in vier Quadrate von etwa 8 x 8 cm schneiden, diese auf ein mit Backpapier belegtes Blech geben. Das Blech in den heißen Ofen (Mitte) schieben, die Blätterteigstücke etwa 20 Minuten anbacken.

4. Nehmen Sie dann das Blech aus dem Ofen, und lassen Sie den Backofen auf 150 °C abkühlen (auf 150 °C zurückschalten und warten, bis die Kontrollleuchte für das Anheizen wieder aufleuchtet). Dann die Blätterteigstücke weitere 30 Minuten backen. Die Teigstücke zum Auskühlen vom Blech nehmen.

5. Nun für die Sabayon alle Zutaten zusammen im Wasserbad aufschlagen bis eine Bindung entsteht. Schneiden Sie die Blätterteigstücke jeweils horizontal in der Mitte durch. Die Joghurtcreme nochmals durchrühren, die Blätterteigunterteile damit füllen, die Oberteile auflegen und die Stücke auf Teller setzen. Mit der Sabayon nappieren.

Ruhezeit vorsehen

Wenn Sie mit selbst hergestelltem Blätterteig arbeiten, bereiten Sie ihn am besten am Vortag zu. Verwenden Sie die halben Mengen aus dem Rezept von Seite 198. Nach Belieben können Sie auch mehr Touren (Ausrollen, Einschlagen) machen, als dort beschrieben.

S. 13
KOCHKURS Gelatine

S. 43
KOCHKURS Sabayon

Pariser Creme mit Lavendel in Baiserblättern

FÜR 4 PORTIONEN
ZUBEREITUNG 35 Min.
+ TROCKNEN (BAISER) 4 Std.

FÜR DIE PARISER CREME
- 150 g dunkle Kuvertüre
- 125 g Sahne
- 25 g Zucker
- 30 g Butter
- 1 Tropfen Lavendelöl

FÜR DIE BAISERBLÄTTER
- 25 g Eiweiß (von 1 Ei Größe S)
- 25 g Puderzucker
- 3 g Stärkemehl (Weizenstärke)
- Lochschablone aus Moosgummi (siehe Kasten)

Schablone herstellen *Den dafür benötigten Moosgummi bekommen Sie im Fachgeschäft für Bastelbedarf. Legen Sie zwei Matten von 35 cm x 35 cm übereinander (insgesamt 4 mm Stärke). Zeichnen Sie mit dem Zirkel 16 Kreise à 6 cm Durchmesser auf, und schneiden Sie diese mit einem Skalpell oder Kreisschneider aus.*

1. Zunächst die Baisermasse zubereiten: Schlagen Sie das Eiweiß in einer Schüssel zu steifem Schnee. Den Puderzucker nach und nach zugeben und das Stärkemehl zum Schluss unterrühren.

2. Ein Backblech mit Backpapier belegen. Darauf die Moosgummischablone legen. Streichen Sie die Baisermasse mit einer Palette über die Schablone, und nehmen Sie den Moosgummi dann vorsichtig ab. Die Baiserkreise nun im Backofen bei 70°C 4 Stunden trocknen lassen.

3. Bereiten Sie, sobald das Baiser im Ofen ist, die Pariser Creme zu: Die Kuvertüre klein schneiden und in eine Schüssel geben. Sahne und Zucker unter Rühren zum Kochen bringen und über die Kuvertüre gießen. Rühren Sie die Mischung mit einem Holzlöffel glatt und glänzend. Butter und Lavendelöl mit dem Pürierstab untermixen und die Creme kalt stellen.

4. Die fertig getrockneten Baiserscheiben vorsichtig vom Backpapier lösen und abkühlen lassen. Vor dem Servieren die Pariser Creme schaumig aufschlagen und auf zwölf der Baiserscheiben verteilen. Schichten Sie pro Dessertportion jeweils drei belegte Baiserscheiben übereinander, und schließen Sie mit einer ungefüllten Scheibe ab. Das Dessert sofort servieren, damit das Baiser nicht durchweicht.

Lavendelblüten

Wer Echten Lavendel im Garten hat, kann die Blüten statt des Lavendelöls verwenden: Kochen Sie 1 bis 2 Blüten in der Sahne-Zucker-Mischung mit, dann herausnehmen. Auch zum Garnieren der Baisertürmchen sind frische Lavendelblüten schön (siehe das Bild links).

S. 14
KOCHKURS Baiser

Mousse und Hippenlöffel von Marzipan zu gegrillter Ananas

FÜR 4 PORTIONEN
ZUBEREITUNG 1 Std. 15 Min.
+ KÜHLEN 4 Std.

FÜR DIE MARZIPANMOUSSE
- 150 g Marzipanrohmasse
- 2 Blatt Gelatine, 3 Eier (Größe M)
- 60 g Puderzucker
- 2 EL Milch, 2 cl Rum
- 250 g Sahne

FÜR DIE HIPPENLÖFFEL
- 60 g Marzipanrohmasse
- 60 g Puderzucker
- 1 Prise gemahlener Kardamom
- 3 EL Milch, 60 g Mehl

FÜR DIE GEGRILLTE ANANAS
- 20 g Butter
- 20 g unraffinierter Rohrzucker (alternativ brauner Zucker)
- 4 knapp fingerdicke Scheiben frische Ananas (oder trockengetupfte Konservenware)
- 8 Grillspieße von ca. 10 cm Länge

AUSSERDEM
- 1 gut Stück fester Karton (DIN A5), Teppichmesser, 8 Esslöffel

HIPPENLÖFFEL HERSTELLEN

Das Blech umdrehen, so lässt sich der Teig besser aufstreichen.

(1) Schablone fertigen: Einen Esslöffel auf den Karton legen, mit einem Stift zwei Mal die Umrisse skizzieren, die Formen mit einem Skalpell ausschneiden.

(2) Backofen auf 180°C vorheizen. Die Schablone auf ein mit Backpapier belegtes Blech legen, den Hippenteig mit einer Palette einstreichen, die Schablone abheben. Diesen Vorgang mindestens vier Mal wiederholen.

(3) Die Hippenlöffel im heißen Ofen (Mitte) etwa 8 Minuten backen, bis sie Farbe annehmen. Rasch mit einer Palette auf die bereit gelegten Esslöffel setzen, so dass sie beim Auskühlen deren Wölbung annehmen.

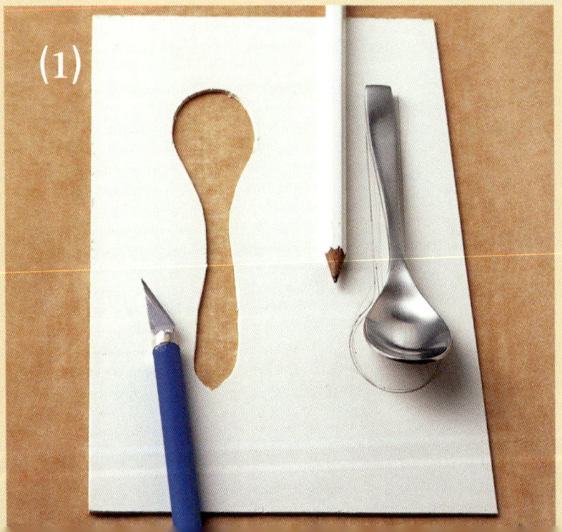

1. Zunächst die Mousse zubereiten: Die Marzipanrohmasse im Wasserbad erwärmen, damit sie weich wird. Die Gelatine in kaltem Wasser einweichen. Die Eier trennen, dabei 1 Eiweiß separat stellen (die übrigen beiden Eiweiße werden für dieses Rezept nicht benötigt). Schlagen Sie die Eigelbe mit dem Puderzucker sehr cremig auf, und rühren Sie das Marzipan und die Milch ein. Dann erwärmen Sie den Rum in einem Töpfchen, drücken die eingeweichte Gelatine aus und lösen Sie darin auf. Diese Mischung ebenfalls unter die Marzipanmasse ziehen. Die Sahne steif schlagen, vorsichtig unterheben und die Mousse-Masse für etwa 4 Stunden kalt stellen.

2. Nach etwa 2 Stunden 30 Minuten Kühlzeit mit der Herstellung der Hippenlöffel beginnen: Für den Teig das zurückbehaltene Eiweiß steif schlagen. Würfeln Sie das Marzipan klein, und verkneten Sie es mit dem Puderzucker und dem Kardamom zu einem glatten Teig. Dann arbeiten Sie erst die Milch, dann das geschlagene Eiweiß ein, anschließend ziehen Sie das Mehl vorsichtig unter. Den Teig für 45 Minuten kalt stellen. Dann die Schablone herstellen (Seite 118, Step 1) und weiterarbeiten wie in der Stepfolge gezeigt und beschrieben.

3. Während die Hippenlöffel auskühlen, die Ananas-Grillspieße zubereiten: Schmelzen Sie die Butter mit dem Zucker, und lösen Sie dabei den Zucker darin auf. Die Ananasscheiben in mundgerechte Stücke schneiden und auf die Grillspieße verteilen, mit der Butterzuckerlösung bepinseln, anschließend von beiden Seiten im Backofen etwa 3 Minuten auf mittlerer Stufe grillen. Die Ananasspieße mit jeweils zwei Nocken Marzipanmousse und zwei Hippenlöffeln servieren.

(3)

Topfennocken auf Orangen-Estragon-Sauce

FÜR 8 PORTIONEN
ZUBEREITUNG 45 Min.
+ KÜHLEN 3 Std.

FÜR DEN TOPFENSCHAUM
- 250 g Speisequark (Magerstufe oder 20 % Fett i. Tr.)
- 4 Eier
- 120 g Zucker
- abgeriebene Schale von je ½ Bio-Orange und -Zitrone
- 3 Blatt Gelatine
- Saft von 1 Zitrone
- 150 g Sahne

FÜR DIE ORANGEN-ESTRAGON-SAUCE
- 75 ml Weißwein
- 150 ml Orangensaft
- 2 EL Blütenhonig
- 50 g Zucker
- Mark von 1 Vanilleschote
- 1 Lorbeerblatt
- 1 Sternanis
- 25 g frischer Estragon
- 50 g eiskalte Butter

AUSSERDEM
- einige Blättchen frischer Estragon zum Anrichten

Sonst Zutat für feinsäuerliche weiße Saucen, ergänzt Estragon hier die Aromen von Wein und Orange.

1. Gießen Sie vom Quark die Molke, die sich oben gesammelt hat, ab. Die Eier trennen, dabei 2 Eigelbe anderweitig verwenden. Die 2 restlichen Eigelbe mit der Hälfte des Zuckers in eine gut wärmeleitende Schüssel (z. B. aus Edelstahl) geben, in ein heißes Wasserbad stellen und aufschlagen, bis die Mischung bindet. Rühren Sie nun den abgetropften Quark ein, und mischen Sie die abgeriebene Orangen- und Zitronenschale darunter.

2. Die Gelatine in kaltem Wasser einweichen, dann in einem Topf zusammen mit dem Zitronensaft unter Rühren bei schwacher Hitze auflösen und in die Quarkmasse rühren.

3. Schlagen Sie die Eiweiße mit dem restlichen Zucker steif. Die Sahne ebenfalls steif schlagen. Die Quarkmasse auf einem Eiswasserbad (siehe Kniff Seite 151) kurz kalt rühren. Heben Sie erst das Eiweiß, dann die Schlagsahne vorsichtig unter die Quarkmasse, und stellen Sie den Topfenschaum für etwa 3 Stunden kalt.

4. Kurz vor dem Servieren die Orangen-Estragon-Sauce zubereiten. Dazu geben Sie alle Zutaten außer der Butter zusammen mit 100 ml Wasser in einen Topf. Alles kurz unter Rühren aufkochen, dann durch ein feines Sieb passieren und nochmals 5 Minuten bei schwacher Hitze köcheln. Rühren Sie nun die eiskalte Butter stückchenweise unter die Orangensauce.

5. Die Orangen-Estragon-Sauce auf Tellern verteilen, mit einigen Blättchen frischem Estragon garnieren. Vom Topfenschaum mit zwei Tee- oder Esslöffeln Nocken abstechen und auf die Sauce setzen.

S. 13
KOCHKURS Gelatine

Terrine von Buttermilchgelee im Baumkuchenmantel

FÜR 10 PORTIONEN
ZUBEREITUNG 1 Std. 15 Min.
+ KÜHLEN 3 Std.

FÜR DEN BAUMKUCHEN
- 6 Eier (Größe M)
- 150 g weiche Butter
- 150 g Marzipanrohmasse
- 1 Prise Salz
- abgeriebene Schale von 1 Bio-Zitrone
- Mark von ½ Vanilleschote
- 150 g Zucker
- 75 g Weizenmehl
- 75 g Stärkemehl (Weizenstärke)

FÜR DAS BUTTERMILCHGELEE
- 500 g kalte Buttermilch
- 130 g Zucker
- Mark von 1 Vanilleschote
- 5 Blatt Gelatine
- Saft von 1 Zitrone
- 20 g Honig
- 200 g Sahne

AUSSERDEM
- Kastenform von 30 cm Länge
- Puderzucker und frische Beeren zum Anrichten

(1)

BAUMKUCHEN HERSTELLEN

Am besten arbeiten Sie mit einem Backrahmen.

(1) Nach und nach jeweils immer eine weitere dünne Teigschicht aufstreichen, wieder mittelbraun backen. Auf diese Weise Schicht für Schicht weiterarbeiten, bis der Teig aufgebraucht ist.

(2) Den abgekühlten Baumkuchen mit einem Messer in Scheiben von etwa 1 cm Dicke schneiden, diese auf Kastenformgröße zuschneiden.

(3) Die Form so mit den Baumkuchenscheiben auslegen, dass die Stücke jeweils mit der Schnittfläche an Boden und Wand anliegen und sich nach Belieben mehr oder weniger überlappen.

(2)

(3)

1. Für den Baumkuchenteig trennen Sie die Eier und rühren die Eigelbe mit Butter, Marzipan, Salz, Zitronenschale und Vanillemark schaumig. Anschließend schlagen Sie die Eiweiße mit dem Zucker steif. Weizenmehl und -stärke mischen und sieben. Den Backofengrill auf mittlerer Stufe vorheizen. Ein Blech mit Backpapier belegen.

2. Arbeiten Sie abwechselnd Mehl und Eischnee unter die Marzipanmasse. Mit einer Palette wenig Teig auf dem Papier dünn auf einer Fläche von etwa 30 x 40 cm ausstreichen, unter dem heißen Backofengrill nach Sicht mittelbraun backen. Weiterarbeiten wie links unten in Step 1 gezeigt. Den Teig etwas auskühlen lassen, dann dünne Streifen herunterschneiden (Step 2).

3. Legen Sie die Kastenform mit Klarsichtfolie aus. Dann die Form mit Baumkuchenscheiben auslegen wie in Step 3 gezeigt und beschrieben. Eventuell übrigen Baumkuchen können Sie für Zwischenlagen oder zum Abdecken der Terrine verwenden.

4. Für das Buttermilchgelee verrühren Sie Buttermilch, Zucker und Vanillemark und weichen die Gelatine in kaltem Wasser ein. In einer kleinen Kasserolle Zitronensaft und Honig erwärmen. Die Gelatine leicht ausdrücken, unter die Honigmischung rühren und darin auflösen.

5. Die Sahne steif schlagen und unter die Buttermilchmasse heben. Die Masse in die vorbereitete Kastenform gießen, eventuell mit Baumkuchenteig belegen und für mindestens 3 Stunden kalt stellen. Servieren Sie die Terrine anschließend in Scheiben geschnitten und mit in Puderzucker gewälzten Beeren.

Eis, Sorbet, Granité

Beaujolais-Granité in der pochierten Birne

FÜR 4 PORTIONEN
ZUBEREITUNG 25 Min. (ohne Abkühlzeit für den Fond)
+ GEFRIEREN 3 Std.

ZUTATEN
- 375 ml Beaujolais (oder auch anderer, weniger herber Rotwein)
- 100 g unraffinierter Rohrzucker
- Zesten von ½ Bio-Zitrone
- 10 g geschälte Ingwerwurzel
- 2 Pimentbeeren
- 50 g herbes Preiselbeergelee
- 2 nicht zu reife bzw. weiche Birnen (etwa Williams)
- 25 ml Ahornsirup

Als Sorbet *Aus der Rotweinmischung können Sie statt des grobkörnigen Granités auch ganz einfach ein etwas cremigeres Sorbet machen:*
Die Zubereitung ist die gleiche, jedoch sollten Sie die Wein-Gewürz-Mischung während der Gefrierzeit alle 30 Minuten mit einem Schneebesen kräftig durchrühren. Dadurch wird das, was beim Granité erwünscht ist, verhindert, nämlich dass sich sehr grobe Eiskristalle bilden. Es entsteht stattdessen ein Sorbet.

1. Kochen Sie den Wein mit Zucker, Zitronenschale, Ingwer, Piment und dem Preiselbeergelee auf. Inzwischen die Birnen schälen, halbieren, das Kernhaus großzügig aushöhlen.

2. Die Birnenhälften in den kochenden Weinfond geben und im geschlossenen Topf bei ausgeschalteter Kochstelle gar ziehen lassen, bis der Fond abgekühlt ist. Die Birnen sollten gut weich sein, aber dabei nicht ihre Form verlieren. Nehmen Sie danach die Birnen aus dem Topf, und stellen Sie sie kalt.

3. Gießen Sie den Pochierfond durch ein Sieb, und mischen Sie die Hälfte davon mit dem Ahornsirup. Die Flüssigkeit in ein gut kälteleitendes Gefäß (aus Edelstahl oder Aluminium) geben und bei -18 °C 3 Stunden im Tiefkühlgerät gefrieren. Dabei jeweils nach 30 Minuten mit einem Löffel die am Rand entstandenen Kristalle zur Mitte hin abschaben.

4. Zum Servieren füllen Sie das Beaujolais-Granité in die gut gekühlten Birnenhälften.

ANRICHTEIDEE Garnieren Sie das fruchtige Dessert nach Belieben mit Minzeblättchen, und richten Sie es auf Tellern an, die mit Ahornsirup-Spuren beträufelt und mit etwas Puderzucker besiebt wurden.

Cantaloup-Sorbet mit Honigkaramell

FÜR 4 PORTIONEN
ZUBEREITUNG 30 Min.
+ GEFRIEREN 30 Min.

FÜR DAS SORBET
- 100 g Zucker
- 2 Bio-Limetten
- 500 g Fruchtfleisch einer Cantaloup-Melone (1 Melone von etwa 800 g)
- Sorbetière bzw. Eismaschine

FÜR DEN HONIGKARAMELL
- 20 g weiche Butter
- 20 g Akazienhonig
- 30 g Puderzucker
- 15 g Mehl

1. Zucker mit 100 ml Wasser zu Sirup aufkochen, abkühlen lassen. Limetten heiß waschen, trocknen, 2 TL Schale fein abreiben, die Früchte auspressen. Pürieren Sie das Melonenfruchtfleisch mit Limettensaft, -schale und Sirup. Das Püree in der Eismaschine in etwa 30 Minuten cremig gefrieren.

2. Inzwischen verkneten Sie die Zutaten für den Karamell zum glatten Teig. Mit Hilfe von Frischhaltefolie zum etwa 3 cm dicken Strang formen. In Folie eingeschlagen ins Tiefkühlgerät legen.

3. Gegen Ende der Gefrierzeit für das Sorbet den Backofen auf 200 °C vorheizen. Die Teigrolle in etwa ½ cm dicke Scheiben schneiden, diese mit etwas Abstand auf ein mit Backpapier ausgelegtes Blech legen, im Backofen (Mitte) in 5 bis 7 Minuten goldbraun backen. Den Karamell mit dem Backpapier vom Blech nehmen, vollständig auskühlen lassen, grob zerbrechen.

4. Portionieren Sie das Sorbet mit zwei Teelöffeln oder einem kleinen Eisportionierer in Mokkatassen, und garnieren Sie es mit Karamellsplittern. Das Eis sofort servieren.

Holunderbeersorbet

FÜR 6 PORTIONEN
ZUBEREITUNG 15 Min. (ohne Zeit für das Abkühlen des Zuckerwassers) + GEFRIEREN 45 Min.

ZUTATEN
- 250 g Zucker + 1 EL Zucker
- 2 TL Zitronensaft
- 350 ml ungesüßter Holunderbeersaft (aus dem Reformhaus)
- 1 Eiweiß (Ei Größe M)

AUSSERDEM
- Sorbetière bzw. Eismaschine
- 6 Cocktailgläser

1. Aus 500 ml Wasser und den 250 g Zucker Läuterzucker 2:1 herstellen. Dafür das Wasser mit dem Zucker in einem Topf aufkochen und 5 Minuten kochen lassen (siehe auch der Kasten auf Seite 139). Den Läuterzucker dann vollständig abkühlen lassen.

2. Verrühren Sie den kalten Läuterzucker mit dem Zitronen- und dem Holunderbeersaft. Anschließend die Mischung in einer gut kälteleitenden Schale (z. B. aus Edelstahl) etwa 30 Minuten im Tiefkühlgerät frosten.

3. Dann schlagen Sie das Eiweiß mit 1 EL Zucker sehr steif.

4. Die gefrostete Fruchtsaftmasse durchrühren, bis sie glatt ist, und den Eischnee unterziehen.

5. Geben Sie die Sorbetmasse in die Eismaschine, und lassen Sie sie darin in etwa 15 Minuten durchfrosten.

6. In der Zwischenzeit die Cocktailgläser, in denen das Sorbet serviert werden soll, in das Tiefkühlgerät stellen.

7. Portionieren Sie das Holunderbeersorbet nach dem Frosten sofort in die gekühlten Cocktailgläser.

Holundersirup herstellen

Holunderbeerdolden waschen, Beeren abzupfen (eventuell über Nacht in das Tiefkühlgerät geben, dann geht es noch einfacher). Dann mit 150 g Zucker im Entsafter aufkochen und den Saft extrahieren. Auf diese Weise gewinnen Sie aus 5 Litern gesammelten Holunderbeerdolden etwa 500 ml Holunderbeersirup. Mit kaltem Wasser verdünnt ersetzt er den hier benötigten Holunderbeersaft. Oder Sie gießen etwas Sirup mit Sekt zu einem Aperitif auf.

S. 28
KOCHKURS Sorbet

ANRICHTEIDEE Garnieren Sie das Sorbet wie im Bild rechts nach Belieben mit Spänen von weißer Schokolade – das setzt einen farblichen und geschmacklichen Akzent.

Rosmarineis mit Apfelbällchen

FÜR 4 PORTIONEN
ZUBEREITUNG 30 Min.
+ GEFRIEREN 30 Min.
(in der Eismaschine)

FÜR DAS ROSMARINEIS
- ½ Vanilleschote
- 200 ml Milch
- 200 g Sahne
- 1 Zweig Rosmarin
- 2 Eigelbe
- 60 g Zucker
- 1 Prise Salz
- Sorbetière bzw. Eismaschine

FÜR DIE APFELBÄLLCHEN
- 4 Äpfel (etwa Braeburn)
- 300 ml Apfelsaft
- 100 g Zucker
- Saft von 1 Zitrone
- ½ Stange Zimt

FÜR DIE KARAMELLSAUCE
- 200 g Zucker
- 1 EL Honig
- 20 g Butter

AUSSERDEM
- frische Rosmarinzweige zum Anrichten

1. Für das Rosmarineis die Vanilleschote längs aufschlitzen. Milch, Sahne, die Vanilleschote und den Rosmarinzweig in einem Topf aufkochen. Inzwischen rühren Sie die Eigelbe mit dem Zucker und dem Salz in einer Schüssel cremig und gießen das kochende Sahnegemisch unter Rühren in die Eigelbmasse. Die Mischung im Eiswasserbad (siehe Kniff Seite 151) kalt rühren.

2. Die Eismischung durch ein Sieb geben und 20 bis 30 Minuten in der Eismaschine gefrieren. Alternativ das Eis in etwa 2 Stunden im Tiefkühlgerät gefrieren lassen (siehe Kniff).

3. Inzwischen schälen Sie die Äpfel und stechen mit dem Kugelausstecher Apfelbällchen aus dem Fruchtfleisch aus.

4. Den Apfelsaft mit Zucker, Zitronensaft und der Zimtstange in einem Topf zum Kochen bringen. Die Apfelbällchen darin 4 bis 5 Minuten pochieren, so dass sie noch etwas Biss haben. Anschließend mit kaltem Wasser abschrecken.

5. Für die Karamellsauce den Zucker in einem Topf leicht braun karamellisieren lassen, dann mit 200 ml heißem Wasser ablöschen. Lassen Sie alles noch einmal aufkochen, und rühren Sie dann den Honig und die Butter ein.

6. Nehmen Sie den Topf von der Kochstelle, legen Sie die Apfelbällchen in die Karamellsauce, und lassen Sie sie bis zum Ende der Gefrierzeit für das Eis darin ziehen. Das Rosmarineis dann mit den Äpfeln in Karamellsauce servieren.

Eis im Tiefkühlgerät bereiten

Wenn Sie keine Eismaschine besitzen, können Sie das Rosmarineis – wie jedes andere Eis und Sorbet auch – ganz einfach ohne dieses Gerät herstellen. Dazu die Eismasse in eine flache Auflauf- oder Emailleform füllen und zugedeckt im Tiefkühlgerät etwa 30 Minuten gefrieren lassen, dann umrühren und weitere 30 Minuten gefrieren. Diesen Vorgang noch zwei Mal wiederholen, dann hat sich eine Eismasse von cremig-fester Konsistenz gebildet.

ANRICHTEIDEE Verteilen Sie die Apfelbällchen auf Teller, und platzieren Sie je 1 Kugel Rosmarineis in der Mitte. Das Dessert mit Karamellsauce nappieren und mit Rosmarinzweigen dekorieren.

Kürbiskernparfait auf Quitten-Champagner-Schaum

FÜR 4 PORTIONEN
ZUBEREITUNG 1 Std.
+ GEFRIEREN 2 Std. 30 Min.

FÜR DEN QUITTEN-CHAMPAGNER-SCHAUM
- 2 Apfelquitten
- 1 EL Puderzucker
- 200 ml Champagner (alternativ Sekt)

FÜR DAS PARFAIT
- 40 g Kürbiskerne
- 130 g Puderzucker
- 300 g Sahne
- Mark von 1 Vanilleschote
- 5 Eigelbe (Eier Größe M)
- 1 knapper TL Kürbiskernöl (4 g)
- 4 Förmchen von 150 ml Inhalt

Eine Quitte vorbereiten *Von der Fruchtschale den Flaum abreiben, dann die Quitte – am besten mit einem Sparschäler – schälen. Anschließend von der aufrecht stehenden Frucht eine Seite dicht am Kernhaus entlang abschneiden. Legen Sie die Frucht dann mit dieser Schnittfläche nach unten auf die Arbeitsfläche, und schneiden Sie – wieder dicht am Kernhaus – rechts und links das Fruchtfleisch ab. Die Quitte nochmals drehen und auch das letzte Stück vom Kernhaus schneiden.*

1. Bereiten Sie zunächst die Quitten vor: Die Früchte schälen, vierteln und das Kernhaus entfernen. Das Fruchtfleisch quer in kleine Stücke schneiden, mit 3 EL Wasser in einen Topf geben. Aufkochen und zugedeckt in etwa 30 Minuten sehr weich kochen. Kontrollieren Sie die Quittenstücke gegen Ende der Garzeit auf ihre Weichheit, die Zeit differiert stark je nach Beschaffenheit der Früchte.

2. Während die Quitten kochen, für das Kürbiskernparfait die Kürbiskerne grob hacken. In einer Sauteuse 65 g Puderzucker schmelzen, Kürbiskerne zugeben, den Zucker karamellisieren lassen. Löschen Sie den Karamell mit 65 g Sahne ab, und geben Sie das Vanillemark dazu. Das Ganze noch einmal aufkochen, dann abkühlen lassen.

3. Streichen Sie das Quittenkompott (mit Flüssigkeit) durch ein Sieb, und rühren Sie den Puderzucker unter. Das Mus vollständig abkühlen lassen.

4. Schlagen Sie für das Parfait die Eigelbe mit dem restlichen Puderzucker sehr dicklich auf, geben Sie die abgekühlte Karamellmasse und das Kürbiskernöl dazu. Die restliche Sahne steif schlagen und unterheben. Die Masse in die Förmchen verteilen und etwa 2 Stunden 30 Minuten tiefkühlen.

5. Nach Ablauf dieser Zeit die Parfaits auf gekühlte Teller stürzen (eventuell dazu die Förmchen kurz in heißes Wasser tauchen, so löst sich das Eis besser aus der Form). Gießen Sie den Champagner zum Quittenmus, und schäumen Sie es mit einem Pürierstab auf. Den Quitten-Champagner-Schaum sofort zum Parfait anrichten und das Dessert servieren.

Frisches Eigelb

Für viele Desserts, unter anderem Eiscreme, werden rohe Eier bzw. rohes Eigelb verwendet. Wenn die Eisgrundmasse dann nicht gekocht wird, sollten Sie aus gesundheitlichen Gründen (Salmonellen) unbedingt nur ganz frische Eier nehmen.

Mokkaeis mit Zitrusfruchtsalat

FÜR 6 PORTIONEN
ZUBEREITUNG 1 Std.

FÜR DAS MOKKAEIS
- 3 Eigelbe (Größe M)
- 75 g Zucker
- 200 ml Milch
- 125 ml Espresso, gesüßt
- Mark von ½ Vanilleschote
- 100 g Sahne
- Sorbetière bzw. Eismaschine

FÜR DEN ZITRUSFRUCHTSALAT
- 2 Orangen, 8 Kumquats
- 2 EL Ahornsirup
- 3 cl Orangenlikör

1. Schlagen Sie die Eigelbe mit dem Zucker in einer Schüssel im heißen Wasserbad dickcremig auf. Milch, Espresso und Vanillemark vermischen, unter Rühren in die Eiercreme einfließen lassen und diese im heißen Wasserbad zur Rose abziehen (siehe Seite 24). Die Creme abkühlen lassen.

2. Inzwischen den Zitrusfruchtsalat zubereiten: Die Orangen filetieren. Waschen Sie die Kumquats, trocknen Sie sie, und schneiden Sie die Früchte quer in dünne Scheiben. Kerne gegebenenfalls entfernen. Orangenfilets und Kumquatscheiben vermengen und mit dem Ahornsirup und dem Orangenlikör marinieren.

3. Nun schlagen Sie die Sahne steif und ziehen sie unter die abgekühlte Mokkacreme. Lassen Sie die Masse in der Eismaschine etwa 30 Minuten durchfrosten. Den Orangensalat auf gekühlten Tellern anrichten, dazu das Mokkaeis geben.

S. 31
KOCHKURS Orange filetieren

Weißes Schokoladeneis

1. Die Milch mit der Sahne in einen Topf geben. Die Vanilleschote längs aufschlitzen, das Mark auskratzen und in die Milchsahne geben.

2. Die Mischung aufkochen und wieder abkühlen lassen. Schmelzen Sie inzwischen die weiße Kuvertüre im heißen Wasserbad.

3. Die Eigelbe mit dem Puderzucker in einer Schüssel in einem heißen Wasserbad aufschlagen, die Milchsahne unter ständigem Rühren einfließen lassen und die Mischung zur Rose abziehen (siehe Seite 24).

4. Passieren Sie die Masse durch ein feines Sieb, und ziehen Sie anschließend die geschmolzene Kuvertüre vorsichtig unter.

5. Die Masse abkühlen lassen bzw. auf einem Eiswasserbad (siehe Kniff Seite 151) kalt rühren, dann in einer Eismaschine durchfrosten. Das dauert bis zu 30 Minuten.

6. Auf Desserttellern jeweils einen Spiegel von Fruchtcoulis anrichten. Nocken von weißem Schokoladeneis darauf setzen. Mit Beeren und Schokoladenspänen garnieren.

Variante Mohneis

Milch mit der Sahne aufkochen. 50 g gemahlenen Mohn einstreuen, 30 Minuten quellen lassen. Anschließend 2 cl Rum zugeben. Die Eigelbe mit 100 g Puderzucker über dem heißen Wasserbad sehr cremig rühren. Die Mohnsahne nochmals aufkochen, nach und nach unter Rühren in die Eiercreme einfließen lassen. Die Schüssel ins heiße Wasserbad stellen und die Creme zur Rose abziehen. Vor dem Gefrieren vollständig abkühlen lassen.

FÜR 6 BIS 8 PORTIONEN
ZUBEREITUNG 30 Min.
+ GEFRIEREN 30 Min.

ZUTATEN
- 250 ml Milch, 250 g Sahne
- 1 Vanilleschote
- 100 g weiße Kuvertüre
- 5 Eigelbe
- 50 g Puderzucker

AUSSERDEM
- Sorbetière bzw. Eismaschine
- Beeren und Fruchtcoulis (siehe Seite 34) sowie weiße Schokoladenspäne zum Anrichten

S. 24
KOCHKURS Eiscreme
S. 136
WARENKUNDE Schokolade

Schokolade

Die sorgfältige Verarbeitung der Kakaobohne ist das Geheimnis von guter Schokolade, außerdem das ausdauernde Rühren der Masse und der Anteil an Kakaomasse.

EDLE SÜSSE FÜR GENIESSER Gute Schokolade hat ihren Preis. Doch das verwundert nicht, wächst der Kakaobaum, der den Rohstoff für Schokolade liefert, doch ausschließlich in den fernen tropischen Regionen. Darüber hinaus ist es sehr aufwendig, die Kakaomasse aus den Kakaofrüchten zu gewinnen: Zunächst werden die in den Früchten enthaltenen Samen, die Kakaobohnen, abgedeckt und unter Luftabschluss tagelang fermentiert. Dabei entsteht das typische Kakaoaroma. Dann werden die Kakaobohnen in der Sonne getrocknet. Dieser so genannte Rohkakao kann je nach Herkunft und Art der Vorbehandlung große qualitative und geschmackliche Unterschiede aufweisen. Daher prüfen Schokoladenhersteller ihre Rohprodukte sorgfältig und mischen gegebenenfalls verschiedene Kakaosorten.
Erst jetzt beginnt die eigentliche Schokoladenherstellung: Die Kakaobohnen werden geröstet, gebrochen und feinst gemahlen. Dabei verflüssigt sich die in den Bohnen enthaltene Kakaobutter. Es entsteht die dunkelbraune, flüssige Kakaomasse, das eigentliche Schokoladenausgangsprodukt. Dieses muss nach Zugabe von Zucker und eventuell noch weiteren Zutaten sorgfältig und ausgiebig gemischt, gewalzt, gerührt und temperiert werden, damit daraus zart schmelzende Schokolade wird.
Zur Veranschaulichung: 10 Kakaofrüchte enthalten etwa 1 kg frische Kakaobohnen. Diese wiegen nach dem Trocknen noch 400 g. Daraus ergeben sich dann etwa 330 g Kakaomasse – Rohstoff für ungefähr 450 g Edelbitterkuvertüre.

KUVERTÜRE – EDELSTE SCHOKOLADE

Das Wort Kuvertüre kommt aus dem Französischen und bezeichnet Überzugsschokoladen. Diese Schokoladen müssen besonders hohen Anforderungen gerecht werden: Vor allem sollen sie dünne, feste und glänzende Oberflächen bilden. Das wird durch einen besonders hohen Anteil an wertvoller Kakaobutter erreicht.

Raffiniert aromatisierte Schokoladen sollten Sie pur genießen; in der Dessertküche kommt vor allem Kuvertüre zum Einsatz, Gewürze und Aromen werden separat zugefügt.

SCHOKOLADENSORTEN

VON MILD BIS EDELBITTER

zum Purverzehr und zum Verarbeiten

(1) **Mit Nüssen und Gewürzen verfeinert** und aus besonders edlen Kakaobohnen: Schokoladen für Feinschmecker

(2) **Dekorschokolade** für Patisserie und Desserts (links) und hochwertige Schokolade zum Purverzehr (rechts)

(3) **Weiße und dunkle Kuvertüren,** wie sie in der Dessertküche verwendet werden: vorbereitet zum Garnieren, Weiterverarbeiten oder Temperieren

(4) **Milch- und Bitterkuvertüren** unterscheiden sich durch den Gehalt an Kakaotrockenmasse (auch »Kakaomasse«, »Kakao«, »Kakaobestandteile« genannt). Bitterkuvertüre enthält durchschnittlich 60 %, Milchkuvertüre im Mittel 36 %. Letztere wird außerdem unter Zugabe von Milchpulver hergestellt, was einen milderen Geschmack ergibt.

(5) **Weißer Kuvertüre** fehlt das typische Kakaoaroma. Hier wird vom Rohstoff Kakaobohne lediglich die farblose Kakaobutter verwendet. Sie hat einen Anteil von etwa 30 %. Weitere Bestandteile sind Zucker und Milchpulver.

Geeiste Schneemustörtchen in Mango-Ingwer-Sauce

FÜR 4 PORTIONEN
ZUBEREITUNG 1 Std.
+ GEFRIEREN 4 bis 6 Std.
+ TROCKNEN (BAISER) 12 Std.

FÜR DIE EISMASSE
- 1 Eigelb (Ei Größe M)
- 25 g Zucker
- 1 Prise Salz
- Mark von 1/4 Vanilleschote
- 25 g Mandeln
- 20–30 g Schokolade mit Orangenaroma
- 200 g Sahne
- 1 EL Mandellikör

FÜR DAS BAISER
- 2 Eiweiße (Eier Größe M)
- 50 g Zucker
- 5 g Stärkemehl (Weizenstärke)
- 4 Backringe von 8 cm Ø und 5 cm Höhe

FÜR DIE MANGOSAUCE
- 1 kleine Mango (250–300 g)
- 50 g Läuterzucker 1:1 (siehe Kasten)
- 1 EL Puderzucker (15 g)
- 1/2–1 TL fein gehackter frischer Ingwer

Süße auf Vorrat

Läuterzucker 1:1 *100 ml Wasser mit 100 g Zucker in einen Topf geben, einmal aufkochen lassen.*

Läuterzucker 2:1 *500 ml Wasser und 250 g Zucker einmal aufkochen und 5 Minuten kochen lassen.*

Sie können den Läuterzucker immer gleich in größerer Menge kochen. In einem luftdichten Gefäß hält er im Kühlschrank über längere Zeit.

1. Zuerst den Backofenrost mit Backpapier belegen, die Backringe fetten und auf das Backpapier setzen. Dann für die Baisermasse die Eiweiße steif schlagen, dabei den Zucker nach und nach zugeben. Zum Schluss das Stärkemehl unterrühren. Füllen Sie die Masse in einen Spritzbeutel mit mittelgroßer Lochtülle, und spritzen Sie sie spiralförmig in die Ringe. Die Baiserböden dann etwa 12 Stunden bei 80°C im Backofen trocken lassen (bis sie sich vom Papier lösen). Den Rost aus dem Ofen nehmen und die Baiserböden abkühlen lassen (nicht aus den Ringen nehmen).

2. Dann für die Eismasse Eigelb, Zucker, Salz und das Mark der Vanilleschote im heißen Wasserbad sämig rühren. Nehmen Sie die Schüssel vom Wasserbad, und lassen Sie die Masse etwas abkühlen. Inzwischen die Mandeln fein hacken und in einer trockenen Pfanne unter Wenden rösten, bis sie duften, dann aus der Pfanne nehmen. Die Schokolade auf dem heißen Wasserbad schmelzen.

3. Für die Mangosauce die Mango schälen, das Fruchtfleisch von Stein schneiden, grob zerkleinern und mit dem Läuterzucker pürieren. Nehmen Sie 50 g vom Fruchtpüree ab, und verrühren Sie es mit dem Puderzucker. Für die Eismasse die Sahne steif schlagen und zusammen mit den Mandeln und dem Mandellikör unter die Eigelbmasse heben.

Fruchtsaucen aufbewahren

Fruchtsaucen sind im Kühlschrank einige Tage haltbar. Füllen Sie sie zum Aufbewahren in ein sauber gespültes Joghurt-Glas – oder größere Mengen in eine Glas-Milchflasche.

4. Die vier in den Ringen getrockneten Baiserböden mit der geschmolzenen Schokolade bestreichen und die Hälfte der Eismasse darin verteilen. Die vorbereitete Puderzucker-Mangosauce darauf verteilen. Die Förmchen nun mit der restlichen Eismasse auffüllen und die Törtchen bei -18°C 4 bis 6 Stunden gefrieren. Das übrige Mangopüree mit dem gehackten Ingwer verrühren und die Sauce abgedeckt kalt stellen. Zum Servieren die gefrorenen Törtchen aus den Ringen drücken und mit Mangosauce beträufeln.

Geeiste Roulade von Nougat

FÜR 12 BIS 16 STÜCK
ZUBEREITUNG 40 Min. + GEFRIEREN 12 Std.

FÜR DEN BISKUIT
- 100 g Eigelb, 200 g Zucker
- Mark von 1 Vanilleschote
- abgeriebene Schale von 1 Bio-Zitrone
- 1 Msp. gemahlener Zimt
- 150 g Eiweiß, 1 Prise Salz
- 250 g gemahlene Haselnüsse

FÜR DAS NOUGATPARFAIT
- 1 Ei (Größe L), 1 Eigelb (Ei Größe L)
- 100 g Zucker, Mark von 1 Vanilleschote
- 70 g Nougat, 350 g Sahne

AUSSERDEM
- Honig zum Anrichten

1. Den Backofen auf 210°C vorheizen. Für den Biskuit rühren Sie Eigelb, 100 g Zucker, Vanille, Zitronenschale und Zimt schaumig. Das Eiweiß mit dem übrigen Zucker und dem Salz steif schlagen. Abwechselnd Haselnüsse und Eischnee unter die Eigelbmasse heben. Streichen Sie den Teig dünn auf ein mit Backpapier belegtes Blech, und backen Sie ihn im heißen Ofen (Mitte) etwa 5 Minuten. Das Blech herausnehmen, den Teig zur Roulade formen wie unten gezeigt und beschrieben (Step 1, 2).

2. Schlagen Sie für das Parfait Ei und Eigelb mit Zucker und Vanille auf dem Wasserbad auf. Den Nougat darin auflösen. Die Masse auf einem Eiswasserbad (siehe Kniff Seite 151) kalt schlagen. Die Sahne steif schlagen, unterheben. Geben Sie die Masse auf den abgekühlten, ausgerollten Biskuit (Step 3), rollen Sie diesen wieder auf.

3. Die Roulade über Nacht luftdicht verpackt im Tiefkühlgerät gefrieren lassen. Dann in Scheiben geschnitten auf mit Honigstreifen dekorierten Tellern anrichten.

(1)

BISKUITROULADE ROLLEN
und die Füllung aufstreichen

(1) Ein Küchentuch auf den Teig legen und diesen mitsamt dem Backpapier darauf stürzen. Das Papier vorsichtig ablösen, dabei eventuell mit einem feuchten Tuch darüber reiben, damit es sich besser vom Teig löst.

(2) Die Teigplatte mit Hilfe des Tuchs vorsichtig und locker aufrollen, abkühlen lassen.

(3) Die Biskuitroulade vorsichtig auseinander rollen. Die Nougatmasse mit einem Palettmesser auf dem Teig verstreichen, dabei an der Kante, die das Ende der Rolle bilden wird, etwa zwei Finger breit frei lassen.

(2)

(3)

Pudding, Soufflé und mehr

Flan au caramel

FÜR 6 PORTIONEN
ZUBEREITUNG 15 Min.
+ GAREN 35 Min.
+ KÜHLEN mind. 3 Std.

ZUTATEN
- 170 g Zucker
- 350 g Sahne, 150 ml Milch
- Mark von ½ Vanilleschote
- 3 Eier (Größe M)
- 2 Eigelbe (Eier Größe M)

AUSSERDEM
- 6 kleine Timbaleförmchen von 8 cm Ø (am Boden gemessen)
- gezogener Zucker zum Garnieren nach Belieben (siehe Seite 53)

1. Den Backofen auf 170 °C vorheizen. In einer Auflaufform oder in einem tiefen Blech ein Wasserbad vorbereiten: Gießen Sie kochendes Wasser hinein, zwei Drittel so hoch wie die Förmchen sind. Schieben Sie das Blech bzw. setzen Sie die Form ebenfalls in den Ofen (Mitte).

2. Karamellisieren Sie in einem Topf 100 g vom Zucker goldbraun und geben in die Timbaleförmchen je etwa 1 EL davon. Restlichen Zucker und alle übrigen Zutaten miteinander verrühren und auf den Karamellspiegel in den Förmchen gießen.

3. Stellen Sie die Förmchen ins Wasserbad, und pochieren Sie die Creme im heißen Ofen etwa 35 Minuten. Die Flans sind gar, wenn beim Stäbchentest nichts anhängt bzw. wenn die Oberfläche leicht nach oben gewölbt ist und kleine braune Stellen hat.

4. Die Förmchen aus dem Ofen nehmen, die Creme abkühlen lassen und für mindestens 3 Stunden kühl stellen. Zum Servieren auf Dessertteller stürzen und nach Belieben mit gezogenem Zucker (siehe Seite 53) garnieren.

Grießflammeri mit Orangensauce

FÜR 6 PORTIONEN
ZUBEREITUNG 25 Min. + KÜHLEN 2 Std.

ZUTATEN
- 1 ½ Blatt Gelatine
- 250 ml Milch
- Zesten von 1 Bio-Orange
- Mark von ½ Vanilleschote
- 40 g Weizengrieß
- 140 g Zucker, 1 Prise Salz
- 250 g Sahne
- 200 ml frisch gepresster Orangensaft
- 3 cl Orangenlikör

AUSSERDEM
- 1 Kastenform von 1 l Inhalt
- 1 Bio-Orange zum Anrichten

1. Die Gelatine in kaltem Wasser einweichen. Inzwischen die Milch mit der Hälfte der Orangenzesten und dem Vanillemark einmal aufkochen, durch ein Sieb passieren und zum Sieden bringen.

2. Rühren Sie nun den Grieß, 50 g Zucker und Salz in die Milch ein. Das Ganze unter Rühren weiterkochen, bis der Grieß eindickt. Die Gelatine ausdrücken und gut untermischen. Rühren Sie schließlich die Masse auf einem Eiswasserbad (siehe Kniff Seite 151) kalt.

3. Die Sahne steif schlagen und vorsichtig unterheben. Die Grießmasse in die Kastenform füllen und im Kühlschrank in etwa 2 Stunden fest werden lassen.

4. Inzwischen für die Orangensauce den Orangensaft zunächst durch ein feines Sieb in einen Topf gießen. Lassen Sie dann den Saft mit der restlichen Orangenschale und dem übrigen Zucker 3 bis 4 Minuten einkochen. Den Orangenlikör untermischen und die Sauce erkalten lassen.

5. Waschen Sie nun die Bio-Orange, die zum Anrichten benötigt wird, heiß ab. Trocknen Sie die Orange, und schneiden Sie sie quer in hauchdünne Scheiben.

6. Stellen Sie vor dem Servieren die Form kurz in heißes Wasser, und stürzen Sie den Pudding dann (siehe Kniff auf Seite 73). Den Flammeri portionieren, jeweils etwas Orangensauce angießen, und das Dessert mit den Orangenscheiben angerichtet servieren.

ortions-Flammeri

Natürlich können Sie die Grieß-uddingmasse, statt sie erst nach dem Erstarren zu portionieren, uch auf kleine Formen verteilen und darin fest werden lassen. Sie benötigen dazu 6 Förmchen von etwa 120 ml Inhalt. Auch iese Mini-Flammeris lassen sich am besten stürzen, nachdem Sie die Formen kurz in heißes Wasser getaucht haben.

SERVIERTIPP Ein Grießflammeri können Sie auch mit vielerlei Fruchtsaucen, mit Kompott oder Zwetschgenröster kombinieren.

Mohr im Hemd mit Rumtopffrüchten

FÜR 6 PORTIONEN
ZUBEREITUNG 30 Min.
+ BACKEN 40 Min.

ZUTATEN
- 100 g dunkle Kuvertüre
- 6 Eier (Größe M)
- 100 g weiche Butter, 4 EL Zucker
- 1 Päckchen Vanillezucker
- 1 Prise Salz
- 100 g ungehäutete gemahlene Mandeln
- 200 g Sahne
- Rumtopffrüchte zum Anrichten (alternativ frische Rumtopffrüchte, siehe Kniff)

AUSSERDEM
- Mulden-Backform (siehe rechts)
- Butter zum Fetten

Für die kleinen Schokoladen-Küchlein ist eine Mohrenkopf-Backform ideal. Alternativ können Sie aber auch eine Muffinsform verwenden.

1. Fetten Sie die Mulden der Backform mit Butter aus, und stellen Sie sie in den Kühlschrank. Zerbröckeln Sie die Kuvertüre und lassen sie auf einem heißen Wasserbad schmelzen. Dann die Schokolade abkühlen, aber nicht fest werden lassen.

2. Die Eier trennen. In einer Rührschüssel die Butter cremig schlagen, 3 EL Zucker, Vanillezucker und nach und nach die Eigelbe dazugeben. Weiterschlagen, bis eine Creme entstanden ist. Die flüssige Kuvertüre einrühren. Schlagen Sie die Eiweiße mit dem Salz steif, und heben Sie diese mit den Mandeln unter die Creme.

3. Backofen auf 180°C vorheizen. Die Mischung in die Förmchen füllen. Ein tiefes Blech mit kochend heißem Wasser füllen, so dass die Mulden zu zwei Drittel im Wasser stehen. Die Backform hineinsetzen und den Teig im heißen Ofen (Mitte) etwa 40 Minuten garen.

4. Die Sahne mit dem restlichen Zucker halbsteif schlagen. Stürzen Sie die fertig gebackenen Küchlein aus den Mulden auf Dessertteller, lassen Sie sie etwas abkühlen, und geben Sie dann etwas Sahne darüber. Dazu die Rumtopffrüchte anrichten. Die Schokoladenküchlein schmecken am besten lauwarm.

Frische Rumfrüchte

Bereiten Sie eine Dessertschüssel mit klein geschnittenen frischen Früchten vor, z. B. Erdbeeren, Pfirsich, Aprikosen, Birnen. Mischen Sie die Fruchtstücke in einer Schüssel mit 2 bis 3 EL braunem Zucker, und füllen Sie mit Rum auf. Die Früchte vor dem Servieren 12 Stunden durchziehen lassen.

Mandelmus in Aprikosen-Rosmarin-Sauce

FÜR 4 PORTIONEN
ZUBEREITUNG 30 Min.
+ DURCHZIEHEN UND KÜHLEN 1 Std.

FÜR DAS MANDELMUS
- 2 Blatt Gelatine
- 350 g Sahne
- 25 g fein gemahlene Mandeln
- ¼ Vanilleschote
- 2 Eier (Größe M)
- 4 EL Zucker
- 40 g Marzipanrohmasse
- 2 TL Mandellikör

FÜR DIE APRIKOSEN-ROSMARIN-SAUCE
- 150 g Aprikosenmark (Grundrezept siehe Steps)
- 40 g Puderzucker
- Saft von ½ Zitrone
- 2 EL Aprikosenschnaps
- 1 kleiner Zweig frischer Rosmarin

AUSSERDEM
- Rosmarinspitzen für die Garnitur

(1)

GRUNDREZEPT APRIKOSENMARK

Für 150 g Mark benötigen Sie etwa 150 g Aprikosen.

(1) Die Aprikosen blanchieren und anschließend kalt abschrecken.

(2) Die Haut der Früchte mit einem kleinen Messer abziehen, dann die Aprikosen halbieren und entsteinen.

(3) Das Aprikosenfruchtfleisch in einem Püriergefäß wiegen. Ein Drittel dieses Gewichts an Zucker zugeben und das Ganze pürieren.

(2)

(3)

1. Zunächst das Mandelmus zubereiten: Weichen Sie die Gelatine im kalten Wasser ein. Kochen Sie 200 g Sahne mit den gemahlenen Mandeln und der Vanilleschote auf.

2. Die Eier trennen. Eigelbe, 2 EL Zucker und die grob zerkleinerte Marzipanrohmasse mit dem Pürierstab gut mixen.

3. Die kochende Sahnemischung auf die pürierte Masse geben und die gesamte Mischung noch einmal mit dem Pürierstab mixen. Anschließend geben Sie die gut ausgedrückte Gelatine zu und lassen das Mandelmus im Eiswasserbad (siehe Kniff Seite 151) kalt werden.

4. In der Zwischenzeit das Eiweiß mit dem restlichen Zucker zu steifem Schnee schlagen. Auch die übrige Sahne steif schlagen. Beides zusammen mit dem Mandellikör in das (noch nicht gelierte) Mandelmus einrühren, anschließend die Masse sofort auf vier Dessertschalen verteilen und kalt stellen.

5. Nun verrühren Sie für die Aprikosen-Rosmarin-Sauce das Aprikosenmark mit dem Puderzucker, dem Zitronensaft sowie dem Aprikosenschnaps.

6. Den Rosmarinzweig einlegen und die Sauce 1 Stunde zugedeckt ziehen lassen.

7. Die Aprikosen-Rosmarin-Sauce auf das Mandelmus in den Schälchen gießen – nach Belieben in Gitterform (siehe Bild) oder in anderer dekorativer Form. Mit Rosmarinspitzen ausgarnieren.

Aprikosen aus der Dose

Aprikosen haben nicht immer Saison. Das Fruchtmark lässt sich aber auch gut mit Früchten aus der Dose zubereiten; es geht sogar noch schneller, weil die Früchte nicht gehäutet werden müssen.

Proseccogelee mit Safransauce

FÜR 4 PERSONEN
ZUBEREITUNG 30 Min.

ZUTATEN
- 2 Blatt Gelatine
- 4 Essbegonien oder andere essbare Blüten, z. B. Stiefmütterchen (aus biologischem Anbau)
- Puderzucker zum Besieben
- 35 ml kohlensäurehaltiges Mineralwasser
- 40 g Puderzucker
- 125 ml Prosecco
- 4 Proseccogläser oder Timbaleformen von 125 ml Inhalt

FÜR DIE SAFRANSAUCE
- 1 Eigelb
- 2 leicht gehäufte EL Zucker
- 150 g Sahne
- 1 Prise Safranfäden
- Mark von ¼ Vanilleschote

Halten Sie bei der Sauce die Reihenfolge »Sahne auf Eigelbschaum gießen« ein, sonst gerinnt die Masse leicht.

1. Für das Gelee die Gelatine in kaltem Wasser einweichen. Die Begonienblüten kalt abbrausen, vorsichtig trockentupfen und mit Puderzucker besieben. Legen Sie die Blüten mit der offenen Seite nach unten in die Gläser oder Timbaleformen.

2. Mineralwasser und Puderzucker aufkochen, den Topf vom Herd nehmen, die gut ausgedrückte Gelatine zugeben und einrühren. Den Prosecco vorsichtig zugießen und behutsam einrühren. Gießen Sie nun jeweils so viel von der Flüssigkeit in die Gläser bzw. Formen, dass die Blüten halb bedeckt sind. Die Gläser bzw. Formen sofort, aber nur kurz, kalt stellen und die Flüssigkeit leicht gelieren lassen. (Vorsicht: Es darf sich keine Haut bilden). Dann die restliche Proseccoflüssigkeit aufgießen und im Kühlschrank erstarren lassen. Auch jetzt die Flüssigkeit wieder rasch kalt stellen, damit die Kohlensäurebläschen vom Prosecco nicht entweichen und in das Gelee mit eingeschlossen werden.

3. Inzwischen für die Safransauce das Eigelb mit dem Zucker schaumig rühren. Bringen Sie in einem Topf die Sahne mit dem Safran und der Vanille zum Kochen, gießen Sie die Sahne unter Rühren über den Eigelbschaum. Die Mischung wieder zurück in den Topf gießen und auf dem Herd noch einmal heiß aufschlagen (aber keinesfalls mehr kochen lassen). Anschließend die Masse auf einem Eiswasserbad kalt rühren (siehe Kniff).

4. Die Sauce zum Proseccogelee servieren. Wenn Sie das Gelee in Timbaleformen zubereitet haben, tauchen Sie die Formen kurz in heißes Wasser, und stürzen das Gelee dann vorsichtig mittig auf die Teller (siehe Kniff auf Seite 75). Safransauce um das Gelee geben.

Kalt rühren

Ein Eiswasserbad entspricht einer Schale voll Wasser mit Eiswürfeln oder gefrorenen Kühlelementen. Als »Schüssel« können Sie auch das Spülbecken nutzen.

S. 13
KOCHKURS Gelatine

S. 24
KOCHKURS Englische Creme

Crème brûlée auf Erdbeer-Amaretto-Schaum

FÜR 4 PORTIONEN
ZUBEREITUNG 30 Min.
+ KÜHLEN 4 Std.

FÜR DIE CRÈME BRÛLÉE
- 350 g Sahne, 4 Eier
- 80 g Puderzucker
- Mark von 1 Vanilleschote
- 4 TL unraffinierter Rohrzucker (alternativ brauner Zucker)
- 4 flache ofenfeste Portionsformen

FÜR DEN ERDBEER-AMARETTO-SCHAUM
- 400 g Erdbeeren
- 2–3 EL Zucker
- 1–2 EL Amaretto
- 1 TL Zitronensaft

Möchten Sie die Creme unter dem Backofengrill karamellisieren, dann auf höchster Stufe und nur ganz kurz, sonst verflüssigt sie sich.

1. Den Backofen auf 150 °C vorheizen. Für die Crème brûlée verrühren Sie die Sahne mit 2 Eiern. Die anderen beiden Eier trennen, die Eiweiße für ein anderes Gericht verwenden, die Eigelbe, den Puderzucker und das Vanillemark zu der Sahne geben und alles gut verrühren.

2. Die Eiersahne in vier flache ofenfeste Förmchen verteilen, diese in ein 80 °C heißes Wasserbad stellen (flache ofenfeste, mit Wasser gefüllte Schale oder ein tiefes Backblech). Die Masse im heißen Ofen (Mitte) in 35 bis 40 Minuten stocken lassen, bis sie stichfest geworden ist. Nehmen Sie dann die Förmchen aus dem Backofen, lassen Sie die Creme 30 Minuten abkühlen, und stellen Sie sie anschließend für etwa 3 Stunden 30 Minuten in den Kühlschrank.

3. Vor dem Servieren die Erdbeeren waschen, putzen und klein schneiden. Mischen Sie die Erdbeeren mit dem Zucker, dem Amaretto und dem Zitronensaft in einer Schüssel, dann mit dem Pürierstab schaumig pürieren.

4. Die Eiermasse in den Förmchen mit je 1 TL Rohrzucker bestreuen und mit einem Crème-brûlée-Brenner (siehe Kasten) karamellisieren. Mit dem Erdbeer-Amaretto-Schaum servieren.

Karamellisieren *können Sie Ihre Crème brûlée statt mit einem Gasbrenner aus dem Haushaltsfachgeschäft auch mit einer Lötlampe, die es in jedem Baumarkt zu kaufen gibt.*

Erdbeer-Frischkäse-Auflauf

FÜR 8 PORTIONEN
ZUBEREITUNG 20 Min.
+ BACKEN 30 Min.

ZUTATEN
- 4 Eier (Größe L)
- 75 g Frischkäse, 50 g saure Sahne
- 25 g Vanillezucker, 75 g Zucker
- 35 g Speisestärke
- 180 g Erdbeeren
- Puderzucker zum Bestauben

AUSSERDEM
- 8 Soufflé-Portionsförmchen
- Butter und Zucker für die Form

1. Den Backofen auf 200 °C vorheizen. Trennen Sie inzwischen die Eier, und verrühren Sie die Eigelbe gut mit dem Frischkäse und der sauren Sahne.

2. Die Eiweiße mit dem Vanillezucker und dem Zucker sehr steif schlagen. Dann nach und nach in kleinen Mengen die Frischkäsemasse und die Speisestärke unter das Eiweiß heben.

3. Buttern und zuckern Sie die Formen sorgfältig, und füllen Sie sie zu je zwei Drittel mit der Auflaufmasse. Die Mini-Aufläufe im heißen Backofen (Mitte) in 25 bis 30 Minuten goldbraun backen. Öffnen Sie die Backofentür während des Backens möglichst nicht, bei Zugluft fällt die Masse zusammen.

4. Die Erdbeeren waschen und putzen, nach Belieben halbieren oder vierteln und beiseite legen. Die fertig gebackenen Mini-Aufläufe mit Puderzucker bestauben (stürzen Sie sie nach Belieben vorher aus den Förmchen), mit den Erdbeeren servieren.

Haselnuss-Soufflé

FÜR 8 PORTIONEN
ZUBEREITUNG 25 Min. + BACKEN 25 Min.

ZUTATEN
- 250 ml Milch
- Mark von ¼ Vanilleschote
- 1 Msp. gemahlener Zimt
- 50 g weiche Butter
- 50 g Mehl
- 1 Eiweiß und 4 Eier (alle Eier Größe M)
- 80 g gemahlene Haselnüsse
- 70 g Zucker

AUSSERDEM
- 8 kleine Soufflé-Portionsformen
- Butter zum Fetten
- Puderzucker zum Bestauben

1. Zunächst streichen Sie die Förmchen mit Butter aus. Dann die Milch mit dem Vanillemark und dem Zimt aufkochen. Die Butter mit dem Mehl verkneten und portionsweise in die kochende Flüssigkeit rühren. Das eine Eiweiß unter stetigem Rühren untermischen.

2. Die Soufflémasse in eine Edelstahlschüssel füllen und lauwarm abkühlen lassen. Inzwischen den Backofen auf 200°C vorheizen. Trennen Sie die Eier und rühren Sie nach und nach die Eigelbe ein. Die gemahlenen Nüsse untermischen und weiterrühren, bis eine homogene Masse entstanden ist.

3. Eiweiße mit dem Zucker steif schlagen, dann portionsweise und behutsam unter die Soufflémasse heben. Auf ein Backblech bodenbedeckt Wasser geben.

4. Die Soufflémasse auf die Förmchen verteilen. Füllen Sie dabei die Förmchen nicht mehr als zu zwei Dritteln, da die Masse beim Backen hoch aufgeht. Die Förmchen auf das Blech stellen und die Soufflés im heißen Backofen (Mitte) 20 bis 25 Minuten backen.

5. Zum Servieren die Soufflés nach Belieben aus den Förmchen stürzen, mit Puderzucker bestauben.

Perfekte Soufflés

Venden Sie doch einmal folgenden Kniff an, um ein besonders schön eformtes Soufflé zu erhalten: Stellen Sie es vor dem eigentlichen acken ein paar Minuten unter den Grill. Dort wird die Oberfläche rasch etwas fester und steigt im Backofen von innen gleichmäßig in die Höhe.

S. 51
KOCHKURS Soufflé

ANRICHTEIDEE Dazu passt ein Kompott aus Granatapfelkernen und blanchierten Pfirsichspalten, die etwa 5 Minuten in gezuckertem mit etwas Wasser und Pfirsichlikör gemischtem Limettensaft gekocht werden. Mit halbsteif geschlagener Sahne anrichten.

Salzburger Nockerln mit Himbeercoulis

FÜR 4 PORTIONEN
ZUBEREITUNG 50 Min.

FÜR DIE NOCKERLN
- 50 g Butter, 100 g Sahne
- 55 g Zucker
- 3 Eier (Größe M)
- 25 g Mehl
- 3 Eiweiße, etwas Puderzucker

FÜR DIE HIMBEERCOULIS
- 250 g Himbeeren
- 1 Orange
- 50 g Puderzucker
- 1 Spritzer Zitronensaft
- 2 cl Orangenlikör

Birnenconfit

PASST AUCH GUT zu den Nockerln: 20 g Pinienkerne in einer trockenen Pfanne rösten. 2 Birnen schälen, vom Kernhaus befreien und klein würfeln. Die Birnenwürfel mit 200 ml Weißwein, 60 g Zucker, Saft von 1 Zitrone, je ½ Stange Zimt und Vanilleschote aufkochen. Den Fond 15 Minuten garen. Die Birnen sollten weich sein. Zimtstange und Vanilleschote entfernen, 1 cl Birnenbrand zugießen und alles pürieren. Das Confit mit Pinienkernen bestreuen.

1. Butter, Sahne und 10 g Zucker in einem Topf erhitzen und unter Rühren einmal aufkochen. Die Mischung auf die vier ofenfeste Portionsteller verteilen. Den Backofen auf 160 °C vorheizen.

2. Für die Nockerlmasse die Eier trennen. Verrühren Sie dann Eigelbe und Mehl, und schlagen Sie das Ganze unter Zugabe von etwa 2 EL warmem Wasser schaumig, bis sich das Mehl in der Masse entzäht, d. h. beim Rühren kaum mehr Widerstand spürbar ist.

3. Schlagen Sie nun alle 6 Eiweiße mit dem restlichen Zucker zu einem lockeren Schnee. Diesen ganz vorsichtig unter die Eigelbmasse heben, die Masse darf keinen Volumenverlust haben. Auf jeden der vier Portionsteller ein Viertel der Masse luftig häufen und mit Puderzucker besieben. Die Teller in den heißen Backofen (Mitte) stellen und die Schneemasse etwa 15 Min. backen.

4. Inzwischen für die Himbeercoulis die Beeren verlesen, in einem Sieb kalt abbrausen und gut abtropfen lassen. Die Orange auspressen. Geben Sie Beeren, Orangensaft und den Puderzucker in einen hohen Rührbecher und pürieren Sie die Beeren. Streichen Sie die Mischung dann durch ein feines Sieb. Die Himbeer-Orangen-Sauce mit dem Zitronensaft und dem Orangenlikör verfeinern.

5. Die Nockerln sind fertig gebacken, wenn die Oberfläche leicht gebräunt und das Innere noch cremig ist (Druckprobe). Nehmen Sie dann die Nockerln aus dem Ofen, besieben Sie die Portionen mit etwas Puderzucker, und servieren Sie die Nockerln mit der Himbeercoulis.

Fruchtige Beigaben

Als Alternative zur Himbeercoulis kann auch ein Birnenconfit (siehe das Rezept im Kasten oben) oder Fruchteis gereicht werden.

S. 12
KOCHKURS Eischnee schlagen

Gewürzsavarin mit Quittenkompott

FÜR 4 PORTIONEN
ZUBEREITUNG 50 Min.

FÜR DAS QUITTENKOMPOTT
- 2 Apfelquitten
- 250 ml ungesüßter Apfelsaft
- 100 g Zucker
- Saft von ½ Zitrone

FÜR DEN GEWÜRZSAVARIN
- 30 g Zartbitterkuvertüre
- 50 g Puderzucker
- 3 Eier
- 50 g flüssige Butter
- 75 g geriebene Mandeln
- 15 g Mehl
- je 1 Msp. gemahlener Anis, Kardamom und gemahlener Zimt
- 1 Prise Salz
- 4 Savarinformen (ca. 15 cm Ø)
- Butter zum Fetten

Grundrezept Savarin *Drücken Sie in 350 g gesiebtes Mehl eine Mulde, bröckeln Sie 15 g Hefe hinein, und lösen Sie sie mit etwas lauwarmer Milch auf. Hefeansatz abgedeckt 15 Minuten an einem warmen Ort gehen lassen. 150 g Butter zerlassen, 40 g Zucker, 1 Prise Salz, ½ TL abgeriebene Zitronenschale und 4 Eier verrühren. Zu Hefeansatz und Mehl gießen. Alles zu einem glatten Teig verkneten, etwas gehen lassen. Füllen Sie den Teig in gebutterte Förmchen, lassen Sie ihn nochmals gehen. Je nach Größe der Förmchen bei 210 °C in 15 bis 25 Minuten goldbraun backen. Mit Zuckersirup tränken.*

1. Zunächst das Kompott zubereiten: Die Quitten schälen, das Kernhaus entfernen und das Fruchtfleisch würfeln. Kochen Sie den Apfelsaft mit Zucker und Zitronensaft auf. Geben Sie die Quittenwürfel dazu, und lassen Sie das Ganze zugedeckt etwa 15 Minuten köcheln. Den Backofen auf 180 °C vorheizen.

2. Während das Kompott kocht, backen Sie die Savarins: Fetten Sie zunächst die Savarinformen. Dann die Kuvertüre fein reiben. Den Puderzucker mit den Eiern schaumig schlagen, die flüssige Butter mit der geriebenen Kuvertüre vermengen und zügig in die Eiermasse einarbeiten. Geriebene Mandeln, Mehl und Gewürze unterrühren. Den Teig in die Formen füllen und im heißen Ofen (Mitte) etwa 13 Minuten backen.

3. Die fertig gebackenen Savarins kurz abkühlen lassen, vorsichtig aus den Formen auf Teller stürzen. Richten Sie das Quittenkompott in den noch warmen Savarins an. Dazu passt zusätzlich eine Kugel Mohneis (siehe Seite 135).

Quitte und Schokolade

Eventuell übriges Kompott schmeckt auch gut mit den Schoko-Kaffee-Brownies von Seite 191.

S. 172
WARENKUNDE Aromaten

Apfelreis-Savarin mit Sauce von gelben Tomaten und Muskatkürbis

FÜR 4 PORTIONEN
ZUBEREITUNG 1 Std.

FÜR DEN SAVARIN
- 1 Apfel (etwa Jonagold)
- 100 ml Apfelsaft
- 70 g Zucker
- Saft von ½ Zitrone
- 1 Prise Safranfäden
- 1 Stange Zimt
- 1 Blatt Gelatine
- 20 g Langkornreis
- ½ Vanilleschote
- 130 ml Milch
- 40 g Eiweiß
- 1 gestr. EL Zucker
- 60 g geschlagene Sahne
- 4 Savarin-Portionsformen

FÜR DIE SAUCE
- 2 gelbe Tomaten (ca. 150 g)
- 50 g nicht zu festes Kürbispüree (gedünstetes, passiertes Kürbisfruchtfleisch)
- 30 g Läuterzucker 1:1 (siehe Kasten auf Seite 139)
- ca. 1 EL unraffinierter Rohrzucker
- 1 Msp. gemahlener Koriander
- 1 Gewürznelke
- 1 Spritzer Zitronensaft

AUSSERDEM
- Schokoladenornamente als Dekoration

1. Den Apfel schälen, Kernhaus entfernen, das Fruchtfleisch in kleine Würfel schneiden. Den Apfelsaft zum Kochen bringen. Inzwischen den Zucker in einem zweiten Topf mittelbraun karamellisieren und mit dem kochenden Apfelsaft ablöschen (Vorsicht: Spritzgefahr). Geben Sie Apfelstücke, Zitronensaft, Safran und die Zimtstange in den Fond, und dünsten Sie die Äpfel darin zugedeckt in etwa 5 Minuten weich. Im Kühlschrank auskühlen lassen.

2. Inzwischen die Gelatine in kaltem Wasser einweichen. Spülen Sie den Reis in einem Sieb unter warmem Wasser, bis dieses klar bleibt. Die Vanilleschote längs aufschlitzen, mit der Milch und dem Reis in einem Topf unter Rühren aufkochen, unter weiterem Rühren etwa 10 Minuten kochen lassen, bis die Milch fast vollständig aufgesogen ist. Nehmen Sie den Reis von der Kochstelle und lassen Sie ihn noch kurz ziehen. Der Reis soll dann gar, aber noch bissfest sein. Die Vanilleschote entnehmen. Die eingeweichte Gelatine zugeben und vollständig unterrühren. Die Äpfel mit einem Sieblöffel aus dem Fond heben, in den Milchreis geben. Den Reis auf gut Zimmertemperatur abkühlen lassen – aber nicht zu weit herunterkühlen, er darf keine Bindung bekommen.

Zuckersüßer Guss

Auch der Karamellfond vom Dünsten der Äpfel schmeckt, anstelle der Tomaten-Kürbis-Sauce, sehr gut zu den Savarins.

3. Eiweiß und Zucker zu Schnee schlagen und zusammen mit der geschlagenen Sahne unter die Reismasse heben. Verteilen Sie nun die Masse in die Savarinformen, und stellen Sie diese kalt, bis die Sauce zubereitet ist.

4. Für die Sauce häuten Sie zunächst die Tomaten: Kurz in kochendem Wasser blanchieren, kalt abschrecken und die Haut abziehen. Die Tomaten vierteln, die Samen mit dem umgebenden Geleee entfernen und durch ein feines Sieb zum Kürbispüree passieren. Das Tomatenfruchtfleisch pürieren, ebenfalls zum Püree geben. Alles mit Läuterzucker, Rohrzucker, Koriander und Nelke aufkochen, 5 Minuten kochen lassen, dabei gegebenenfalls ein wenig Wasser zugeben. Die Sauce auf einem Eiswasserbad kalt rühren (siehe Kniff Seite 151) mit Zitronensaft abschmecken und durch ein Sieb passieren.

5. Zum Anrichten stürzen Sie die Savarins auf Dessertteller und umgießen sie mit Sauce.

Vanille-Rosmarin-Risotto mit Quitte

FÜR 4 PORTIONEN
ZUBEREITUNG 40 Min. + KÜHLEN 1 Std.

ZUTATEN
- 1 Quitte
- 150 g Risottoreis
- 25 g Butter
- 50 ml weißer Portwein
- 200 ml Milch
- 200 g Sahne
- 100 g Zucker
- Mark von 1 Vanilleschote
- 1 Zweig Rosmarin (5 bis 6 cm)

1. Bereiten Sie die Quitte wie unten gezeigt vor, und schneiden Sie das Fruchtfleisch in feine Würfel. Schwitzen Sie den Reis in der Butter in einem Topf glasig an, und geben Sie die Quittenwürfel dazu.

2. Löschen Sie den Reis mit Portwein ab. Die Flüssigkeit unter Rühren fast vollständig einkochen lassen. Weiterrühren und dabei Milch und 150 g Sahne portionsweise angießen – jeweils warten, bis die Flüssigkeit fast vollständig aufgesogen ist.

3. Rühren Sie, bis der Risottoreis sämig und gar ist. Zucker, Vanillemark und den Rosmarinzweig zugeben, einmal durchrühren. Den Ristotto auf Zimmertemperatur abkühlen lassen (dauert etwa 1 Stunde).

4. Vor dem Anrichten und Servieren schlagen Sie die restliche Sahne steif und heben sie unter.

QUITTEN VORBEREITEN

Arbeiten Sie hier mit einem sehr scharfen Messer.

(1) Die Quitte waschen, den Flaum auf der Schale mit einem Tuch abreiben und die Frucht schälen.

(2) Die Quitte mit dem Blütenansatz nach unten auf die Arbeitsfläche stellen, gut festhalten und mit einem scharfen Messer das Fruchtfleisch an einer Seite senkrecht dicht am Kernhaus entlang abschneiden.

(3) Die Frucht auf die Schnittfläche legen und zwei weitere Seiten ebenso vom Kernhaus schneiden. Die Quitte dann auf die Arbeitsfläche legen und die vierte Fruchtfleisch-Seite abschneiden.

Waffeln, Crêpes und mehr

Gewürz-Kaffee-Waffeln

ERGIBT 10 WAFFELN
ZUBEREITUNG 45 Min.
(ohne Abkühlen)

FÜR DEN KAFFEE-EXTRAKT

- 300 ml frisch gebrühter Kaffee
- 1 Lorbeerblatt
- 1 Stange Zimt
- Mark von 1 Vanilleschote
- abgeriebene Schale von je ½ Bio-Orange und -Zitrone

FÜR DEN TEIG

- 200 g Butter
- 180 g Zucker
- 4 Eier
- 350 g Mehl

1. Kochen Sie für den Kaffee-Extrakt den Kaffee mit den Gewürzen sowie der abgeriebenen Orangen- und Zitronenschale in einem Topf auf. Die Flüssigkeit dann auf die Hälfte reduzieren lassen und durch ein feines Sieb passieren.

2. Den Kaffee-Extrakt abkühlen lassen, dann mit den übrigen Zutaten zu einem glatten Teig verarbeiten.

3. Mit dem Waffeleisen aus dem Teig nach und nach goldbraune Gewürz-Kaffee-Waffeln backen. Bis zum Servieren warm halten.

SERVIERTIPP Zu den Waffeln Vanillesahne servieren, die mit zarten Streifen von Vanilleschote dekoriert wird.

Waffel-Varianten

Waffeln sind süße Klassiker: Sie schmecken köstlich und lassen sich auch spontan mit Zutaten aus dem Vorrat zubereiten. Servieren Sie Waffeln am besten warm mit Puderzucker oder geschlagener Sahne.

SAHNEWAFFELN Hier wird die Sahne bereits in den Teig gegeben! Rühren Sie 125 g weiche Butter schaumig. Dann 100 g Zucker, 3 TL Vanillezucker und die abgeriebene Schale von 1 Bio-Zitrone unterrühren. Trennen Sie 4 Eier, und geben Sie die Eigelbe in den Teig. 250 g Mehl mit 375 g Sahne unter die Masse ziehen. Die 4 Eiweiße mit 1 Prise Salz zu festem Schnee schlagen und unterziehen. Im Waffeleisen aus dem Teig Waffeln ausbacken. Sie können das Rezept variieren, indem Sie die Hälfte des Mehls durch gemahlene Haselnüsse oder Mandeln ersetzen.

GEFÜLLTE SANDWAFFELN 175 g Butter, 175 Zucker, Mark von ½ Vanilleschote und 1 Prise Salz schaumig rühren. Nacheinander 4 Eier hinzufügen. 1 EL Rum unterrühren. 200 g Mehl mit ½ TL Backpulver vermengen und über die Masse sieben. Alles gut vermengen und aus dem Teig im Waffeleisen Waffeln ausbacken. 500 g Sahne steif schlagen, dabei 30 g Puderzucker langsam einrieseln lassen. Die Masse in einen Spritzbeutel füllen und auf eine Waffel spritzen. Mit einer zweiten Waffel abdecken. Vor dem Servieren mit Puderzucker besieben.

SCHOKOLADENWAFFELN 100 g Mehl mit 10 g Kakaopulver in eine Schüssel sieben. 100 g Sahne, 2 Eigelbe, Mark von ½ Vanilleschote, abgeriebene Schale von ½ Bio-Zitrone, je 1 Prise gemahlene Nelken, Zimt und Anis und 30 g zerlassene Butter zufügen und alles zu einem glatten Teig verarbeiten. 2 Eiweiße mit 1 Prise Salz und 50 g Zucker zu Schnee schlagen. Ein Drittel davon mit dem Schneebesen unter den Teig rühren, Rest mit dem Spatel unterheben. Aus dem Teig im Waffeleisen Waffeln ausbacken.

Eine HERB-SÜSSE SCHOKOLADENSAUCE rundet dieses Waffelessen ab: Dazu brechen Sie 150 g bittere Kuvertüre oder Tafelschokolade in Stücke und schmelzen sie im Wasserbad. 80 g Milch mit 100 g Sahne und 30 g Honig aufkochen. Rühren Sie diese Mischung unter die geschmolzene Kuvertüre. Mit dem Pürierstab homogenisieren Sie die Sauce, anschließend lassen Sie sie auf Zimmertemperatur abkühlen. Zu den Schokowaffeln servieren.

Topfenpalatschinken

FÜR 4 PORTIONEN
ZUBEREITUNG 1 Std.

FÜR DEN TEIG
- 100 g Mehl
- 1 EL Puderzucker
- 200 ml Milch
- 1 Eigelb
- Mark von ¼ Vanilleschote
- abgeriebene Schale von ½ Bio-Zitrone
- 1 Prise Salz
- Butterschmalz zum Ausbacken

FÜR DIE TOPFENMASSE
- 1 TL Rosinen
- 2 Eigelbe
- 50 g Zucker
- 200 g Schichtkäse (40 % Fett)
- 1 EL Vanillecremepulver (»ohne Kochen«)
- 1 Prise Salz
- Saft von ½ Zitrone

AUSSERDEM
- ofenfeste Form
- zerlassene Butter zum Fetten der Form und zum Bestreichen
- Puderzucker zum Bestauben
- 2 EL Mandelstifte zum Bestreuen

1. Für den Teig das Mehl mit den übrigen Zutaten gut verrühren und 10 Minuten ruhen lassen. Streichen Sie dann den Teig durch ein Haarsieb, damit er klumpenfrei bleibt. Für die Topfenmasse weichen Sie die Rosinen in etwas Wasser ein.

2. Eine beschichtete Pfanne mit wenig Butterschmalz sehr heiß werden lassen, damit der Teig schnell bindet und dünne Pfannkuchen entstehen. Geben Sie etwa ein Viertel des Teiges in die Pfanne, und verteilen Sie den Teig darin durch Kippen der Pfanne. Teig kurz anbacken lassen, dann den Pfannkuchen wenden und die zweite Seite goldbraun backen, herausnehmen. Auf diese Weise vier dünne Pfannkuchen backen.

3. Für die Topfenmasse die eingeweichten Rosinen in einem Sieb mit kaltem Wasser abspülen. Verrühren Sie die Eigelbe mit dem Zucker, dem Schichtkäse, dem Vanillecremepulver, Salz und dem Zitronensaft in einer Schüssel. Den Backofen auf 160 °C vorheizen.

4. Verteilen Sie die Topfenmasse auf den 4 Pfannkuchen, und streuen Sie die Rosinen und Mandelstifte darüber. Anschließend die Pfannkuchen aufrollen.

5. Die Form fetten, die Rollen hineinlegen, mit zerlassener Butter bestreichen, mit einigen Mandelstiften bestreuen. Im Backofen (Mitte) in 15 bis 20 Minuten goldbraun backen. Die Palatschinken warm und mit Puderzucker bestaubt servieren.

S. 22
KOCHKURS Crêpes

SERVIERTIPP Zu den Pfannkuchen können Sie selbstgemachtes oder, wenn es schnell gehen soll, fertiges Vanille- oder Fruchteis servieren.

Beerenpfannkuchen mit Vanilleschaum

FÜR 4 PORTIONEN
ZUBEREITUNG 40 Min.

FÜR DEN TEIG
- 70 g Mehl
- 125 ml Milch
- 2 Eier · 40 g Zucker
- 1 Prise Salz
- Mark von ½ Vanilleschote
- 60 g zerlassene Butter zum Ausbacken und Bepinseln
- 200 g gemischte Beeren, frisch oder tiefgekühlt (etwa Himbeeren, Brombeeren, Blaubeeren)
- 30 g Puderzucker

FÜR DEN VANILLESCHAUM
- 200 g Sahne
- 2 Eigelbe
- 30 g Zucker
- 1 Prise Salz
- Mark von ½ Vanilleschote

1. Für den Teig verrühren Sie das Mehl und die Milch. Die Eier trennen und die Eiweiße mit dem Zucker steif schlagen. Eigelbe, Salz und das Vanillemark unter den Teig mengen. Dann den Eischnee unterheben. Den Backofen auf 160°C vorheizen.

2. Erhitzen Sie 1 EL der zerlassenen Butter bei mittlerer Hitze in einer beschichteten Pfanne. Geben Sie ein Viertel des Teiges hinein, verteilen Sie ihn durch Kippen der Pfanne, und lassen Sie den Pfannkuchen 2 bis 3 Minuten anbacken. Wenn er unten Farbe annimmt, die Pfanne von der Kochstelle nehmen.

3. Den Pfannkuchen mit der angebackenen Seite nach unten auf einen ofenfesten Suppenteller gleiten lassen. Einige Beeren auf dem ungebackenen Teigseite in der Mitte verteilen. Auf diese Weise nach und nach vier Pfannkuchen zubereiten. Die Teigränder mit ein wenig zerlassener Butter bepinseln. Anschließend die Pfannkuchen auf den Tellern im Backofen (Mitte) in etwa 8 Minuten ausbacken lassen, bis der Rand goldgelb ist.

4. Inzwischen schlagen Sie für den Vanilleschaum die Sahne und die Eigelbe mit dem Zucker, dem Salz und dem Vanillemark im Wasserbad unter ständigem Rühren (wie bei einer Sabayon) heiß auf.

5. Die Pfannkuchen aus dem Backofen nehmen, mit Puderzucker bestauben und jeweils etwas von dem aufgeschlagenen Vanilleschaum auf die Pfannkuchen geben.

S. 22
KOCHKURS Crêpes

S. 43
KOCHKURS Sabayon

Karamellpfannkuchen

DER PFANNKUCHEN schmeckt auch hervorragend, wenn Sie ihn mit Puderzucker bestauben, unter dem heißen Backofengrill etwa 4 Minuten karamellisieren (ebenfalls auf normalen Porzellantellern) und dann mit dem Vanilleschaum anrichten. Statt der frischen Waldbeeren können Sie auch aufgetaute und abgetropfte tiefgekühlte Waldbeeren nehmen.

Aromaten und Gewürze

(1)

(2)

(3)

(4)

AROMATISIERENDE ESSENZEN, GEWÜRZE UND ANDERE ZUTATEN

(1) **Intensive Fruchtnoten** geben z. B. Beerenliköre, Orangenlikör oder – ohne Alkohol – Holunderbeersirup.

(2) **Konzentrierte Nussaromen** liefern Marzipan, Nougat, aber auch Kokos- oder Mandellikör.

(3) **Mohn und Sesam** verleihen Teigen und Massen neben der zartnussigen Note eine besondere Optik.

(4) **Pikante Gewürze** wie Chili, Curry oder Pfeffer bringen überraschende Aromen in die Dessertküche.

(5) **Vanille** ist wohl die wichtigste Aromazutat in der Dessertküche. Die fermentierten Schoten und deren Mark geben Flüssigkeiten und Massen ein zartes Grundaroma, mit dem vielfältige andere Geschmackszutaten harmonieren: etwa Früchte, Nüsse oder Gewürze.

(6) **Extrahierte Kräuter- und Gewürzaromen** in Form von Ölen und Likören – z. B. Lavendelöl oder Minzlikör – eignen sich besonders gut, um zarte Massen und Cremes zu verfeinern.

(7) **Süße mit einer charakteristischen Geschmacksnote** geben Ahornsirup, spezielle Honigsorten (etwa Heide- oder Lavendelhonig) und unraffinierter Rohrzucker. Sie können nahezu überall in der Dessertküche den neutralen weißen Haushaltszucker ersetzen.

(8) **Klassische Backgewürze** wie Kardamom, Sternanis und Gewürznelken aromatisieren nicht nur Teige und Massen, sondern auch Saucen und insbesondere Fruchtzubereitungen.

Millefeuille von Blinis und Orangen-Mascarpone-Creme

FÜR 6 BIS 8 PORTIONEN
ZUBEREITUNG 1 Std. 15 Min.

FÜR DIE BLINIS
- 10 g Hefe (1/4 Würfel)
- 1 EL Zucker
- 125 g Weizenmehl
- 125 g Buchweizenmehl
- 3 Eier
- 250 ml lauwarme Milch
- 250 g Sahne
- Öl zum Backen

FÜR DIE MASCARPONE-ORANGEN-CREME
- 2 Eigelbe
- 65 g Puderzucker
- 400 g Mascarpone
- 100 ml Orangensaft
- 3 Blatt Gelatine
- 2 cl Orangenlikör

AUSSERDEM
- Blaubeeren und Puderzucker zum Anrichten

1. Für die Blinis die Hefe zerbröckeln, in einem Schüsselchen mit dem Zucker bestreuen, durchmischen und Zucker und Hefe dabei flüssig werden lassen. Geben Sie nun das Weizenmehl in eine Schüssel, dazu die Hefelösung, und fügen Sie unter Rühren nach und nach so viel lauwarmes Wasser zu, dass ein glatter, zähflüssiger Teig entsteht. Diesen Vorteig 10 Minuten zugedeckt gehen lassen.

2. Rühren Sie dann das Buchweizenmehl und 1 Ei ein, und lassen Sie den Teig nochmals 5 Minuten ruhen. Unter Rühren so viel von der lauwarmen Milch dazugießen, dass ein Teig von der Konsistenz eines Pfannkuchenteigs entsteht.

3. Trennen Sie die beiden übrigen Eier. Die Sahne und die Eiweiße separat steif schlagen und anschließend zusammen mit den Eigelben unter den Teig ziehen.

4. Für die Mascarpone-Orangen-Creme die Eigelbe mit dem Puderzucker sehr cremig aufschlagen, dann mit dem Mascarpone und dem Orangensaft glatt verrühren. Die Gelatine in etwas kaltem Wasser einweichen, dann ausdrücken und mit dem Orangenlikör verrühren. Zügig unter die Mascarponecreme ziehen. Die Masse bei Zimmertemperatur beiseite stellen.

5. Erhitzen Sie nun wenig Öl in einer beschichteten Pfanne. Mit einem Esslöffel jeweils etwas Teig in die Pfanne geben, so dass 4 Blinis von je etwa 8 cm Durchmesser gleichzeitig in der Pfanne backen. Von jeder Seite einige Minuten goldbraun backen, herausnehmen, auf Küchenpapier abtropfen lassen. Auf diese Weise nach und nach 18 bis 24 Blinis – für 6 bzw. 8 Portionen – backen.

6. Bevor die Mascarponemasse zu gelieren beginnt, pro Portion jeweils 2 Blinis mit der Mascarpone-Orangen-Creme bestreichen und aufeinander schichten, ein unbestrichenen obenauf setzen. Jedes Türmchen auf einem Dessertteller mit Veilchenblüten anrichten, mit Puderzucker bestauben.

Millefeuille

Wörtlich übersetzt heißt das französische Wort Tausendblatt und bezeichnete eigentlich Blätterteiggebäck. Heute wird es für verschiedenste mehrlagige Speisen verwendet – vorzugsweise mit Schichten von unterschiedlicher Konsistenz.

SERVIERTIPP Zusätzlich noch etwas Blaubeersalat mit auf die Teller geben (etwa die doppelte Menge des Rezepts von Seite 65 vorbereiten).

Gefüllter Portweinfeigen-Crêpe

FÜR 8 PORTIONEN
ZUBEREITUNG 50 Min.
+ ZIEHEN 12 Std.
+ BACKEN 20 Min.

FÜR DIE PORTWEINFEIGEN
- 125 g brauner Zucker
- 500 ml roter Portwein
- 100 ml Rotwein
- 100 ml Kirschsaft
- 1 Stange Zimt
- Mark von 1 Vanilleschote
- 8 frische Feigen

FÜR DEN CRÊPETEIG
- 130 g Mehl
- 1 Ei
- 2 Eigelbe (Eier Größe M)
- 150 g Sahne
- 1 Prise Salz · 250 ml Milch
- Mark von 1 Vanilleschote
- Butterschmalz zum Ausbacken (nach Belieben)

FÜR DIE ROYALMASSE
- 300 g Sahne
- 120 g Zucker
- 3 Eigelbe (Eier Größe M)
- Mark von 1 Vanilleschote
- 150 g saure Sahne

AUSSERDEM
- 1 Schaschlikspieß

1. Am Vortag bereiten Sie die Portweinfeigen zu: Den braunen Zucker in einer Kasserolle leicht karamellisieren, mit Portwein, Rotwein und dem Kirschsaft ablöschen, dann zusammen mit Zimtstange und Vanillemark auf die Hälfte reduzieren. Inzwischen die Feigen schälen (siehe Seite 30) und rundherum mithilfe eines Schaschlikspießes mit Löchern versehen. Die Feigen nebeneinander in eine Schale passender Größe setzen, den heißen Fond über die Früchte gießen und diese über Nacht ziehen lassen.

2. Am nächsten Tag verrühren Sie für die Crêpes in einer Schüssel Mehl, Ei, Eigelbe, Sahne, Salz, Milch und Vanillemark zu einem glatten Teig. Daraus nacheinander in einer Pfanne von 28 cm Durchmesser – und nach Belieben in jeweils wenig Butterschmalz – 8 hauchdünne Crêpes ausbacken.

3. Für die Royalmasse verrühren Sie in einem Rührbecher alle Zutaten miteinander glatt. Den Backofen auf 170 °C vorheizen.

4. Geben Sie in jeden Suppenteller 1 Crêpe, setzen Sie 1 marinierte Feige darauf, und verteilen Sie die Royalmasse darüber. Überstehende Crêperänder nach Belieben einschlagen.

5. Stellen Sie die Teller auf den Rost (Mitte) in den heißen Ofen, und backen Sie die Crêpes etwa 20 Minuten. Zum Servieren den Tellerrand dekorativ mit der Feigenmarinade beträufeln.

Füllen der Crêpes *Füllen Sie die Royalmasse langsam und vorsichtig ein, so dass die Flüssigkeit nicht über- bzw. herausläuft.*

Anrichte-Alternative *Richten Sie die Crêpes auf einem Saucenspiegel an (siehe Seite 37): In diesem Fall die gefüllten Crêpes mit übergeschlagenen Rändern backen. Gießen Sie dann jeweils etwas Feigenmarinade auf einen flachen Teller und setzen Sie die fertig gebackenen Portweinfeigen-Crêpes auf den Saucenspiegel.*

S. 82
WARENKUNDE Südfrüchte
S. 22
KOCHKURS Crêpes

Petits Fours, Tartes, Gebackenes

Petits Fours St.-Honoré

ERGIBT 40 STÜCK
ZUBEREITUNG 1 Std.

FÜR DEN BRANDTEIG
- 100 ml Milch, 50 g Butter
- 50 g gesiebtes Mehl
- 3 Eier (Größe M)

FÜR DIE CREME ST.-HONORÉ
- 1 ½ Blatt Gelatine
- 2 Eier (Größe L)
- 200 g Milch
- 20 g Vanillepuddingpulver
- ½ Vanilleschote, 30 g Zucker

AUSSERDEM
- 200 g Puderzucker zum Karamellisieren

1. Für den Brandteig Milch und Butter in einem Topf aufkochen und das Mehl auf einmal zugeben. Arbeiten Sie den Teig mit dem Kochlöffel im Topf gut durch, bis sich am Topfboden eine dünne, helle Filmschicht bildet. Die heiße Masse in eine Schüssel geben, etwas auskühlen lassen.

2. Den Backofen auf 180 °C Umluft vorheizen. Die Eier einzeln unter den abgekühlten Teig arbeiten (Vorsicht: Die Eier zwar gut unterarbeiten, den Teig dabei aber nicht schaumig rühren).

3. Ein Blech mit Backpapier belegen. Füllen Sie den Brandteig in einen Spritzbeutel mit Sterntülle Nummer 8, und spritzen Sie kleine Rosetten auf das Papier (Step 1). Das Blech anschließend etwas befeuchten.

4. Die Teigrosetten im heißen Ofen (Mitte) in etwa 15 Minuten goldbraun backen. Reduzieren

WINDBEUTEL SPRITZEN UND FÜLLEN

Auf dem Blech zwischen den Rosetten Platz lassen.

(1) Mit der Sterntülle vom Teig gut 1-Euro-Stück-große Rosetten mit etwas Abstand spritzen. Auf das Blech dann ein wenig Wasser geben, in dem sich bildenden Dampf gehen die Windbeutelchen am besten auf.

(2) Mit der Spitze der kleinen Lochtülle seitlich in die noch warmen Windbeutel einstechen und diese mit der Creme füllen. Die Windbeutel nicht aufschneiden, da sie sonst keinen Halt bekommen.

(3) Die gefüllten Windbeutelchen mit Puderzucker bestauben, der anschließend unter dem heißen Backofengrill karamellisiert.

Sie nach 5 Minuten die Temperatur auf 160 °C. Die fertig gebackenen Windbeutel aus dem Herd nehmen und kalt stellen.

5. Inzwischen für die Creme St.-Honoré die Gelatine in kaltem Wasser einweichen. Die Eier so trennen, dass die Eigelbe einzeln sind (1 Eigelb wird nicht benötigt). Rühren Sie in die Milch das Vanillepuddingpulver und 1 Eigelb ein, geben Sie die Vanilleschote zu, und kochen Sie alles unter Rühren auf. Den Topf von der Kochstelle nehmen und die ausgedrückte Gelatine einrühren. Eiweiße und Zucker zu Schnee aufschlagen und unter die lauwarm abgekühlte Creme heben.

6. Den Backofengrill auf höchster Stufe vorheizen. Geben Sie die noch warme Creme in einem Spritzbeutel mit Lochtülle Nummer 3, und spritzen Sie sie in die Windbeutel (Step 2).

7. Die Windbeutel auf ein mit Backpapier belegtes Blech setzen. Besieben Sie das gefüllte Gebäck mit dem Puderzucker, und lassen Sie diesen unter dem heißen Grill kurz karamellisieren (Step 3).

S. 19
KOCHKURS Brandteig

HERSTELLUNGSVARIANTE Das Karamellisieren der Windbeutelchen muss ganz schnell geschehen, sonst läuft die Füllung aus. Wenn Ihnen das zu unsicher erscheint, können Sie das Gebäck nach dem Füllen auch mit der Oberseite in flüssigen Karamell tauchen. Oder Sie schneiden von den (ungefüllten) Windbeuteln jeweils einen Deckel ab, füllen die Unterteile und karamellisieren nur die Oberteile unter dem Backofengrill.

Petits Fours mit Marzipan

ERGIBT ca. 30 STÜCK
ZUBEREITUNG 3 Std.
+ KÜHLEN 1 Std.

FÜR DIE WEISSE PRALINENCREME
- 150 g weiße Kuvertüre
- 50 g Sahne

FÜR DEN BISKUIT
- 50 g Eiweiß (wird für dieses Rezept idealerweise in Gramm gemessen)
- 40 g Zucker
- 1 Prise Salz
- 90 g Eigelb (wird für dieses Rezept idealerweise in Gramm gemessen)
- abgeriebene Schale von ½ Bio-Zitrone
- 25 g Mehl

FÜR DIE MARZIPANMASSEN
- 150 g Marzipanrohmasse
- 50 g Cassismark (Johannisbeermark; z. B. aus dem Reformhaus)
- 80 g Puderzucker

AUSSERDEM
- 400 g dunkle oder weiße Kuvertüre zum Überziehen
- 100 g dunkle Kuvertüre, frische Beeren und karamellisierte Kumquats zum Verzieren

S. 46
KOCHKURS Umgang mit Kuvertüre

1. Für die weiße Pralinencreme die Kuvertüre fein hacken und in eine Schüssel geben. Die Sahne aufkochen, über die Kuvertürebrösel gießen. Die Kakaobutter unterarbeiten und die Masse bis zur Verwendung kalt stellen.

2. Den Backofen auf 180°C vorheizen. Für den Biskuit schlagen Sie dann das Eiweiß mit der Hälfte vom Zucker und 1 Prise Salz zu Schnee. Eigelb mit restlichem Zucker und Zitronenschale schaumig rühren. Beide Massen behutsam verrühren und das Mehl unterheben. Die Masse auf einem mit Backpapier belegten Backblech etwa 30 x 30 cm groß aufstreichen und im heißen Ofen (Mitte) in etwa 12 Minuten goldgelb ausbacken.

3. Inzwischen verarbeiten Sie – am besten mit dem Pürierstab – 50 g Marzipanrohmasse mit dem Cassismark zu einer glatten Masse. Die restliche Marzipanrohmasse und Puderzucker durchwirken, bis sie einen Teig bilden.

4. Den fertig gebackenen Biskuit aus dem Ofen nehmen, kurz abkühlen lassen und in 3 gleich breite Streifen schneiden. Bestreichen Sie den ersten Streifen mit Hilfe einer Winkelpalette mit dem Cassismarzipan. Den zweiten Biskuitstreifen aufsetzen und andrücken.

5. Die Pralinencreme mit den Rührbesen des Handmixers glatt schlagen und drei Viertel der Creme auf den aufgelegten zweiten Biskuitstreifen aufstreichen. Danach legen Sie den dritten Streifen auf und drücken ihn etwas an. Die restliche Pralinencreme obenauf streichen. Das angewirkte Marzipan mit dem Rollholz zwischen zwei Lagen Backpapier oder Klarsichtfolie ausrollen (Bild oben rechts), auf Breite der Teigstreifen zuschneiden, auf die Pralinencreme legen und gut andrücken. Die Petits Fours vor dem Überziehen 1 Stunde in den Kühlschrank stellen.

Auf Vorrat

Die – noch nicht überzogenen – Petits Fours können gut eingefroren werden.

6. Gegen Ende der Kühlzeit schmelzen Sie die Kuvertüre zum Überziehen im Wasserbad auf, dann auf 25°C abkühlen lassen, d.h. bis sie am Rand fest wird. Anschließend wieder auf 30°C erwärmen (Digitalthermometer). Achtung: Die Kuvertüre wird sehr schnell warm.

7. Die geschichteten Biskuitstreifen aus dem Kühlschrank nehmen und in 30 gleich große Würfel schneiden. Dabei das Messer immer wieder in heißes Wasser tauchen. Die Würfel tauchen Sie mit Hilfe einer Gabel in die geschmolzene Kuvertüre. Die Petits Fours auf ein Gitter setzen, gut abtropfen lassen, dann auf Papier setzen und die Schokolade fest werden lassen.

8. Dann die Kuvertüre zum Verzieren temperieren (schmelzen), mit Hilfe einer Papiertüte Ornamente auf die Petits Fours spritzen, mit Früchten und karamellisierten Kumquats garnieren.

ANRICHTEIDEE Goldfarbe (aus dem Fachhandel für Konditoreibedarf) als Pinselstrich auf den getrockneten Schokoladenüberzug auftragen.

Pfefferschokoladen-Biskuit-Türmchen mit Ananaspesto

FÜR 4 BIS 6 PORTIONEN
ZUBEREITUNG 1 Std. 15 Min. + KÜHLEN 4 Std.

FÜR DEN BISKUIT
- 2 Eier (Größe L)
- 75 g Zucker
- 75 g Mehl
- 1 Msp. Backpulver

FÜR DIE SCHOKOLADENFÜLLUNG
- 150 g Zartbitter-Pfefferschokolade
- 3 Eier (Größe L)
- 60 g Zucker
- 200 g Sahne

FÜR DAS ANANASPESTO
- 1 Mini-Ananas
- 50 ml Erdnuss- oder Sesamöl
- 20 g grobe Kokosflocken bzw. Kokoschips (z. B. aus dem Reformhaus)
- 2 cl Kokoslikör (ersatzweise Kokosmilch und etwas Rum)

AUSSERDEM
- 4–6 Backringe mit 7 cm Ø und ca. 7 cm Höhe (siehe auch Kniff)

1. Für den Biskuit den Backofen auf 170 °C vorheizen, ein kleines Backblech (etwa halb so groß wie das normale Blech) mit Backpapier auslegen. Die Eier mit dem Zucker sehr dicklich aufschlagen (mindestens 5 Minuten). Das Mehl mit dem Backpulver mischen und vorsichtig unter die Eimasse heben. Geben Sie die Biskuitmasse auf das Backblech und backen Sie sie im heißen Ofen (unten) 15 Minuten. Den Biskuitboden aus dem Ofen nehmen und abkühlen lassen.

2. Schmelzen Sie nun für die Schokoladenfüllung die Pfefferschokolade auf einem heißen Wasserbad. Die Schüssel aus dem Wasserbad nehmen. Verrühren Sie in einer weiteren für das Wasserbad geeigneten Schüssel die Eier mit dem Zucker, und ziehen Sie die Mischung zur Rose ab. Die geschmolzene Schokolade einfließen lassen und die Mischung etwa 30 Minuten abkühlen lassen. Danach die Sahne steif schlagen und unterheben.

3. Stechen Sie aus dem abgekühlten Biskuitboden 12 Kreise mit den Backringen oder einem Trinkglas aus. In jeden Backring bzw. Aluring 1 Mini-Biskuitboden einlegen, darauf Pfefferschokoladenmasse geben. Das Ganze ein bis zwei Mal wiederholen je nach Anzahl der Portionen. Die Törtchen für 4 Stunden kalt stellen.

4. Nun für das Ananaspesto die Ananas schälen und den harten Strunk entfernen. Würfeln Sie das Fruchtfleisch sehr fein, und vermengen Sie es mit den weiteren Zutaten. Die Mischung ziehen lassen, bis die Törtchen serviert werden, mindestens aber 2 Stunden.

5. Nach Ablauf der Kühlzeit geben Sie auf jedes Biskuittürmchen etwas Ananaspesto und lösen die Türmchen dann vorsichtig aus den Ringen.

Backringe selbst gemacht

Wenn Sie keine Backringe haben: Nehmen Sie ein Trinkglas mit etwa 7 cm Durchmesser zum Ausstechen. Formen Sie mit dessen Hilfe außerdem 4 bis 6 Aluringe von 7 cm Höhe aus dreimal gefalteten Alufolienstreifen. Verbinden Sie die Enden, indem Sie sie zusammenkneifen.

S. 16, 24
KOCHKURS Biskuit, zur Rose abziehen

Petits Fours von Sesam-Schokolade und Chili Schokoladenschaum

ERGIBT 8–10 STÜCK
ZUBEREITUNG 60 Min.

FÜR DEN CHILI-SCHOKOLADENSCHAUM
- 125 g Bitter- und 50 g Milchkuvertüre
- 200 g Sahne, 1 Msp. Chilipulver
- 2 Eigelbe (Eier Größe L)
- 100 g Eiweiß (Eiweiß von ca. 3 Eiern)
- 25 g Zucker

FÜR DIE SESAM-SCHOKOLADE
- 1 EL Sesamsamen
- je 50 g Bitter- und weiße Kuvertüre

FÜR DIE GARNITUR
- Chilifäden (aus dem Gewürzladen)

1. Beide Kuvertüren zusammen im heißen Wasserbad bis 45 °C aufschmelzen (Digitalthermometer). Die Sahne steif schlagen. Mit etwas Chilipulver und Eigelben in die warme Schokolade geben. Eiweiß mit Zucker zu Schnee schlagen, unterheben. Den Schokoschaum kalt stellen.

2. Für die Sesam-Schokolade rösten Sie den Sesam in einer Pfanne ohne Fett unter Wenden, bis er duftet. Die Kuvertüren separat im heißen Wasserbad aufschmelzen, dann auf 25 °C abkühlen lassen, d. h. bis sie am Rand fest wird. Anschließend wieder auf 30 °C erwärmen (Digitalthermometer). Achtung: Kuvertüre wird sehr schnell warm. Weiterarbeiten wie unten beschrieben.

3. Je 3 oder 4 belegte Schokoladenquadrate aufeinander schichten. Als Abschluss ein unbelegtes Schokoladenquadrat aufsetzen. Mit Chilifäden anrichten.

(1)

SCHOKOLADENPLÄTTCHEN HERSTELLEN
und mit Schokoladenschaum füllen

(1) Die Kuvertüre mit einer Winkelpalette hauchdünn auf Backpapier streichen – benötigt wird eine Fläche von etwa 18 x 22 cm. Sofort den gerösteten Sesam gleichmäßig darüber streuen.

(2) Die Schokolade etwas anziehen lassen, dann in 3,5 x 3,5 cm große Quadrate schneiden und vollständig fest werden lassen.

(3) Den Schokoladenschaum in einen Spritzbeutel mit Lochtülle Nummer 6 füllen. Auf 20 Schokoquadrate je eine Schaum-Halbkugel spritzen.

(2)

(3)

Kokosmakronen mit Mango

ERGIBT ETWA 35 STÜCK
ZUBEREITUNG 20 Min.
+ BACKEN 40 Min.

ZUTATEN
- 3 Eiweiße, 50 g Zucker
- 150 g Kokosraspel
- Mark von 1 Vanilleschote
- 1 EL gemahlene Pistazien
- 1 EL Honig
- 50 g Mangofruchtfleisch

AUSSERDEM
- Mehl für das Backblech
- 35 runde Backoblaten von 4–5 cm Ø

1. Schlagen Sie die Eiweiße zusammen mit dem Zucker steif. Die Kokosraspel, das Vanillemark, die Pistazien und den Honig vorsichtig unterheben. Das Mangofruchtfleisch fein würfeln und ebenfalls untermischen. Den Backofen auf 150 °C vorheizen.

2. Bestauben Sie ein Backblech mit etwas Mehl. Mit zwei Teelöffeln, die Sie zwischendurch immer wieder in kaltes Wasser tauchen, kleine Häufchen von der Makronenmasse abstechen und auf je 1 Oblate setzen. Die Makronen mit kleinem Abstand zueinander auf das Blech setzen.

3. Die Makronen im Backofen (unten) in etwa 40 Minuten goldbraun backen. Übrige Makronen können Sie nach dem Auskühlen in einer Dose aufbewahren.

S. 12
KOCHKURS Eischnee schlagen

Mandelmakronen mit Orangencreme-Füllung

1. Für die Mandelmakronen die Eiweiße mit dem Zucker steif schlagen. Mischen Sie dann die Mandeln mit dem Puderzucker, und heben Sie beides vorsichtig unter das Eiweiß. Die Masse darf dabei nicht zusammenfallen.

2. Den Backofen auf 130°C Umluft vorheizen. Ein Backblech mit Backpapier auslegen. Mit dem Spritzbeutel (Lochtülle Nr. 8) vom Teig Halbkugeln von etwa 2-Euro-Stück-Größe nebeneinander auf das Papier spritzen.

3. Die Mandelmakronen im heißen Backofen (Mitte) etwa 35 Minuten backen, bis sie sich leicht vom Backpapier lösen lassen. Testen Sie dies einfach gegen Ende der Backzeit, indem Sie eine Makrone leicht anstoßen.

4. Inzwischen können Sie die Orangencreme zubereiten. Dazu das Ei trennen. Die Milch, das Vanillepuddingpulver, Zitronen- und Orangensaft mit dem Eigelb, Vanillemark und der Zitronenschale gut verrühren. Gießen Sie die Mischung in einen Topf, und lassen Sie sie aufkochen.

5. Schlagen Sie das Eiweiß mit dem Zucker steif, und heben Sie es unter die heiße Creme. Die Orangencreme etwas abkühlen lassen.

6. Mit dem Spritzbeutel die Orangencreme jeweils auf die Unterseite einer Makrone spritzen und jeweils eine zweite Makrone darauf setzen.

Makronengröße

eben Sie auf Oblaten ruhig großzügig Makronenteig (siehe Rezept und Bild links), so bleiben die Makronen innen schön saftig. Je kleiner Sie dagegen den Teig auf das Blech portionieren, desto knuspriger wird das Gebäck. Ideal, um mit einer feinen Creme gefüllt zu werden.

ERGIBT ETWA 30 STÜCK
ZUBEREITUNG 60 Min.

FÜR DEN MAKRONENTEIG
- 2 Eiweiße
- 2 EL Zucker
- 50 g fein gemahlene geschälte Mandeln
- 50 g Puderzucker
- Spritzbeutel mit Lochtülle Nr. 6

FÜR DIE ORANGENCREME
- 1 Ei
- 50 ml Milch
- 1 TL Vanillepuddingpulver
- 1 TL Zitronensaft
- 2 EL Orangensaft
- Mark von ¼ Vanilleschote
- abgeriebene Schale von ½ Bio-Zitrone
- 2 EL Zucker

S. 12
KOCHKURS Eischnee schlagen

Schoko-Kaffee-Brownies

ERGIBT 8 STÜCK
ZUBEREITUNG 15 Min. (ohne Abkühlen) + BACKEN 40 Min

ZUTATEN
- 200 g Zartbitterkuvertüre
- 60 g Butter
- 40 ml Kaffee
- 3 Eier (Größe L)
- 75 g Zucker
- 75 g fein gemahlene Mandeln
- 1 EL Kakao
- 30 g Mehl

AUSSERDEM
- Kastenform von ca. 10 x 20 cm oder runde Form von ca. 20 cm Ø
- Butter zum Fetten

1. Den Backofen auf 180 °C vorheizen. Schmelzen Sie 100 g Kuvertüre mit der Butter und dem Kaffee in einem Topf bei schwacher Hitze. Die Eier mit dem Zucker sehr cremig aufschlagen und die lauwarme Schokoladenbutter unterziehen. Mandeln mit Kakao und Mehl vermengen und ebenfalls unterheben.

2. Die Form buttern und den Teig hineingeben. Den Kuchen im heißen Ofen (Mitte) etwa 40 Minuten backen. Herausnehmen und auskühlen lassen.

3. Temperieren (schmelzen) Sie die restliche Kuvertüre auf dem Wasserbad, dann auf 25 °C abkühlen lassen, d. h. bis sie am Rand fest wird. Anschließend wieder auf 30 °C erwärmen (Digitalthermometer). Achtung: Die Kuvertüre wird sehr schnell warm.

4. Lösen Sie den Kuchen vorsichtig aus der Form und schneiden ihn in Quadrate von etwa 5 x 5 cm. Die Brownies mit der flüssigen Kuvertüre überziehen.

S. 46
KOCHKURS Umgang mit Kuvertüre

Zum Überziehen der Brownies *die Kuchenstücke mit einer Seite in die flüssige Kuvertüre tauchen, dann die Schokoglasur fest werden lassen. Aromatisieren Sie die Zartbitterschokolade nach Geschmack mit ein wenig Zimt, mit Vanille oder auch mit etwas Rum.*

Die Schoko-Brownies passen gut *zur Blaubeer-Buttermilch-Timbale von Seite 65; und auch zum Quittenkompott von Seite 159 schmecken sie köstlich und sind ein farblicher Gegenpol!*

Mandel-Orangen-Churros

FÜR 8 PORTIONEN
ZUBEREITUNG 45 Min.

FÜR DIE CHURROS
- 100 g Butter, 1 Prise Salz
- 5 g getrocknete gemahlene Orangenschalen
- 50 g Mehl
- 50 g gemahlene Mandeln
- 3 Eier
- Öl zum Ausbacken
- Zucker zum Wälzen der Churros
- Spritzbeutel mit großer Tülle

FÜR DIE SCHOKOLADENSAUCE
- 200 g Zartbitterkuvertüre
- 150 ml Milch
- 4 EL Sahne, 2 EL Zucker
- 30 g eiskalte Butter

Machen Sie das Orangenpulver selbst, indem Sie Zesten von Bio-Orangen bei 50 °C Umluft trocknen und im Mörser zermahlen.

1. Für die Churros die Butter mit dem Salz, der Orangenschale und 150 ml Wasser in einem Topf aufkochen. Geben Sie das Mehl und die geriebenen Mandeln unter kräftigem Rühren dazu, und rühren Sie so lange weiter, bis sich eine glatte Konsistenz bildet. Dann den Topf von der Kochstelle nehmen. Die Eier cremig verquirlen und in den Teig einarbeiten.

2. Für die Schokoladensauce die Kuvertüre zerkleinern, mit Milch, Sahne und Zucker in einem Topf erhitzen, gelegentlich rühren, bis die Kuvertüre geschmolzen ist. Lassen Sie die Sauce einmal kurz sprudelnd aufkochen, nehmen Sie sie dann von der Kochstelle, und schlagen Sie die Butter nach und nach stückchenweise unter, um die Sauce zu binden. Die Sauce warm halten.

3. Das Ausbackfett für die Churros in einer tiefen Pfanne erhitzen. Füllen Sie den Teig in einen Spritzbeutel, und drücken Sie portionsweise etwa 10 cm lange Teigschlangen direkt in das heiße Fett. Die Churros darin von beiden Seiten in etwa 4 Minuten goldgelb braten. Mit einem Sieblöffel herausnehmen und auf ein mit Küchenpapier belegtes Backblech legen. Fertig gebackene Churros im 80 °C heißen Backofen warm halten. Wenn alle Churros fertig gebacken sind, geben Sie Zucker auf einen großen flachen Teller und wälzen die Stangen darin.

4. Die Schokoladensauce in mehrere große tiefe Tassen oder Schälchen füllen. Die Churros auf einer Platte servieren, so dass man sie in die warme Schokoladensauce dippen kann.

S. 19
KOCHKURS Brandteig

Der spanische Klassiker

CHURRO (»tschurro«) ist Brandteig-Spritzgebäck, das in heißem Öl knusprig frittiert, mit Zucker bestreut und mit warmer dickflüssiger Schokolade serviert wird. In Spanien bekommt man diese Süßigkeit am Churro-Stand oder in der Bar. Natürlich kann man Churros zu jeder Tageszeit genießen, doch besonders begehrt sind sie auf dem Nachhauseweg nach einer durchfeierten Nacht.

GRUNDREZEPT DES TEIGES 500 ml Wasser mit 1 Prise Salz und ½ Döschen Safran in einer Kasserolle aufkochen. Die Kasserolle vom Herd nehmen und 300 g Mehl hinzugeben. Mit dem Knethaken des Handrührgeräts durcharbeiten, bis der Teig sich vom Topfboden löst.

RIOJA-BIRNEN ALS FRUCHTIGE BEILAGE Bringen Sie 1,5 l Rioja-Wein mit 280 g Zucker zum Kochen, und reduzieren Sie die Flüssigkeit auf die Hälfte. 8 Birnen schälen, den Blütenansatz, nicht aber den Stiel entfernen. Birnen mit ½ Stange Zimt, 2 Nelken, 2 Pimentkörnern, 1 Rosmarinzweig und 2 Scheiben Bio-Zitrone in den Weinsud einlegen. Aufkochen, die Hitze reduzieren und 15 Minuten köcheln lassen. Nehmen Sie die Birnen aus dem Sud, entfernen Sie die Gewürze, und lassen Sie den Sud noch etwas einkochen. Richten Sie die Birnen mit Rotweinsud an und reichen Sie sie zusammen mit den Schokoladenwaffeln von Seite 167.

Nuss-Apfel-Törtchen mit warmer Aprikosensauce

FÜR 4 PORTIONEN
ZUBEREITUNG 1 Std. 10 Min.

FÜR DEN NUSSMÜRBETEIG
- 50 g Mehl
- 10 g sehr fein gemahlene Haselnüsse
- 40 g Zucker, 1 Prise Salz
- 30 g kalte Butter
- Mehl für die Arbeitsfläche
- 4 Backringe von 8 cm Ø

FÜR DIE SANDMASSE
- 50 g weiche Butter
- 70 g sehr fein gemahlene Haselnüsse
- 60 g Puderzucker
- 2 Eiweiße (Eier Größe M)
- 20 g Zucker, 20 g Mehl
- Butter für die Backringe

FÜR DIE ÄPFEL
- 2 mittelgroße Äpfel, weniger als 8 cm Ø (etwa Reinetten)
- 2 EL unraffinierter Rohrzucker (20 g)

FÜR DIE APRIKOSENSAUCE
- 80 g Aprikosenmark (Rezept Seite 148)
- 2 Eigelbe (Eier Größe M)
- 30 g Zucker, Saft von 1 Zitrone

(1)

NUSS-APFEL-TÖRTCHEN SCHICHTEN

Mürbeteig, Sandmasse und Frucht

(1) Nachdem der Teig etwa 15 Minuten geruht hat, ihn auf der leicht bemehlten Arbeitsfläche ausrollen und 4 Teigkreise ausstechen.

(2) Am saubersten lässt sich die Sandmasse mit Hilfe eines Spritzbeutels in die Ringe füllen, es geht aber auch mit einem Esslöffel.

(3) Die Apfelhälften auf die Sandmasse in den Backringen setzen und mit dem Rohrzucker bestreuen.

(2)

(3)

1. Stellen Sie aus Mehl, Nüssen, Zucker, Salz und Butter einen Mürbeteig (mit Nüssen, aber ohne Ei) her wie im Grundrezept auf Seite 41 beschrieben. Den Teig für etwa 15 Minuten kalt stellen.

2. Den Backofen auf 180°C vorheizen. Den Teig auf der bemehlten Arbeitsfläche so groß ausrollen, dass mit den Backringen 4 Kreise ausgestochen werden können (Step 1). Diese im heißen Ofen (Mitte) nach Sicht in 10 bis 15 Minuten goldbraun ausbacken, herausnehmen. Die Backringe fetten und aufsetzen. Backofentemperatur auf 160°C zurückschalten.

3. Für die Sandmasse die Butter schaumig schlagen, Nüsse und Puderzucker unterrühren. Das Eiweiß mit dem Zucker zu Schnee schlagen, zusammen mit dem Mehl unterrühren. Füllen Sie die Sandmasse in einen Spritzbeutel mit weiter Lochtülle, und spritzen Sie jeweils etwa ein Viertel davon auf die Mürbeteigböden. Die Ringe nicht höher als bis zu etwa einem Drittel füllen (Step 2).

4. Schälen Sie die Äpfel, halbieren Sie sie und entfernen jeweils Stiel, Blütenansatz und Kernhaus. Die Apfelhälften auf der runden Seite einige Male einschneiden und in die Ringe legen (Step 3). Bestreuen Sie die Äpfel mit Zucker, und backen Sie die Törtchen im Ofen (Mitte) in 20 bis 30 Minuten goldbraun.

5. Schlagen Sie auf einem heißen Wasserbad Aprikosenmark, Eigelbe, Zucker und Zitronensaft auf, bis die Sauce bindet. Die Törtchen aus den Ringen nehmen und mit der Sauce servieren.

Nuss-Apfel-Tarte

Aus den angegebenen Zutaten können Sie auch eine Nuss-Apfel-Tarte in einer Springform backen. Den Boden dann allerdings blindbacken (siehe Seite 41) und eine etwas längere Backzeit für die Sandmasse vorsehen.

Zitronentarte mit Brickteigblättern

ERGIBT 4 BIS 6 STÜCK
ZUBEREITUNG 50 Min.

FÜR DEN MÜRBETEIG
- 40 g Butter, 40 g Zucker
- 120 g Mehl, 1 Ei (Größe S)
- 1 Prise Salz
- 1 Prise Backpulver
- Tortenring (15 cm Ø)
- Butter zum Fetten
- Mehl zum Bestauben
- Hülsenfrüchte zum Blindbacken

FÜR DIE ZITRONENCREME
- 2 Blatt Gelatine
- 2 Eier (Größe S)
- 10 g Vanillepuddingpulver
- 100 ml Milch
- Mark von ¼ Vanilleschote
- 60 g Zucker
- abgeriebene Schale von ½ Bio-Zitrone
- 1 Spritzer Zitronensaft
- Puderzucker zum Besieben

AUSSERDEM
- 1 Brickteigblatt von 30 cm Ø (aus dem türkischen oder nordafrikanischen Lebensmittelgeschäft)
- ca. 20 g Läuterzucker 1:1 (siehe Kasten auf Seite 139)
- Puderzucker zum Besieben

1. Den Backofen auf 180 °C vorheizen. Stellen Sie aus Butter, Zucker, Mehl, Ei, Salz und Backpulver einen Mürbeteig her wie auf Seite 41 beschrieben. Den Tortenring mit Butter einfetten und mit Mehl bestauben. Den Ring auf ein mit Backpapier belegtes Blech legen. Rollen Sie den Mürbeteig auf etwa 17 cm Durchmesser aus, und legen Sie ihn mit einem Rand von etwa 2 cm Höhe in den Ring ein, den Rand gut andrücken. Den Teig mit Backpapier belegen, dann Hülsenfrüchte darauf geben und den Teig im heißen Ofen (Mitte) in 10 bis 15 Minuten ausbacken. Aus dem Ofen nehmen, Hülsenfrüchte und Papier entfernen (den Ofen angeschaltet lassen).

2. Während der Teig backt, die Zitronencreme zubereiten. Die Gelatine in kaltem Wasser einweichen. Die Eier trennen. Rühren Sie das Vanillepuddingpulver in die Milch ein, geben Sie Vanillemark, Eigelbe, die Hälfte des Zuckers und die abgeriebene Zitronenschale zu, und kochen Sie das Ganze unter ständigem Rühren auf. Die Mischung dann von der Kochstelle nehmen.

3. Eiweiße mit dem restlichen Zucker zu Schnee schlagen. Zuerst die ausgedrückte Gelatine, dann den Eischnee unter die heiße Creme rühren. Erst jetzt verfeinern Sie die Creme mit einem Spritzer Zitronensaft (sonst würde die Masse gerinnen) und geben sie auf den fertig gebackenen Mürbeteigboden im Tortenring. Die Creme sofort mit Puderzucker besieben.

4. Kurz vor dem Servieren den Backofen auf 180 °C vorheizen. Den Brickteig beidseitig mit Läuterzucker bepinseln, auf ein mit Backpapier belegtes Blech geben und im heißen Ofen (Mitte) in etwa 10 Minuten kross aufbacken.

5. Nehmen Sie den Ring von der Torte, und zerbrechen Sie die Brickteigblätter in grobe Stücke. Die Bruchstücke dekorativ in die Torte stecken, mit etwas Puderzucker besieben und die Torte sofort servieren, damit die Brickteigblätter möglichst knusprig bleiben.

Zucker schützt

Besieben Sie die warme Creme mit Puderzucker; so vermeiden Sie, dass sich eine unschöne Haut auf der Oberfläche bildet.

S. 41
KOCHKURS Mürbeteig

Blätterteigkissen mit Himbeeren und Mokkamus

ERGIBT 8 STÜCK
ZUBEREITUNG 1 Std. 45 Min.
+ RUHEN 1 Std.

FÜR DIE BLÄTTERTEIGKISSEN
- 200 g Mehl (Type 550)
- 1 Prise Salz, 1 Spritzer Essig
- 200 g kalte, aber nicht zu harte Butter
- 1 Eigelb, 1 EL Milch, 80 g Puderzucker

FÜR DIE FÜLLUNG
- 32 Himbeeren
- ½ Bio-Orange, gewaschen
- 1 EL Puderzucker

FÜR DAS MOKKAMUS
- 1 Blatt Gelatine
- 100 g Sahne, 2 EL Zucker, 1 Prise Salz
- 15 g Mokkabohnen, grob zerstoßen

1. Für den Blätterteig Mehl mit Salz, Essig und 100 ml Wasser gut durchkneten. 30 Minuten zugedeckt ruhen lassen. Dann weiterarbeiten wie unten in der Stepfolge beschrieben. Den Teig weitere 30 Minuten ruhen lassen. Danach den in Step 2 und 3 unten beschriebenen Vorgang nochmals wiederholen, den Teig 1 Stunde ruhen lassen.

2. Unterdessen die Himbeeren abbrausen. Von der Orange mit dem Zestenreißer dünne Streifen

BLÄTTERTEIG HERSTELLEN

Je öfter gefaltet, desto blättriger wird der Teig.

(1) Teig rechteckig auf etwa 20 x 40 cm ausrollen, die Butter – auf die halbe Teiggröße ausgerollt – auf eine Hälfte legen. Die andere Hälfte des Teiges darüber schlagen, den Teig an den Rändern festdrücken.

(2) Den Teig mit nur sanftem Druck zum Rechteck ausrollen. Ein Drittel des Teiges einschlagen, das letzte Drittel darüber legen. Den Teig noch einmal rechteckig ausrollen.

(3) Gegenüberliegende Seitenränder zur Mitte einschlagen. Dann den Teig nochmals durch Umklappen auf die Hälfte falten.

abschälen, kurz in kochendem Wasser blanchieren, abtropfen lassen. Geben Sie Beeren und Zesten in eine Schüssel, stauben Sie den Puderzucker darüber. Die Beeren etwa 1 Stunde ziehen lassen.

3. Den Backofen auf 200°C vorheizen. Den Blätterteig etwa ½ cm dick ausrollen. Verrühren Sie Eigelb mit Milch, und bestreichen Sie damit den Teig. Vorsichtig mit einer Gabel wellenförmige Linien über die Eistreiche ziehen. Schneiden Sie nun aus dem Teig 8 Stücke von je 6 x 6 cm Größe.

4. Blätterteigstücke auf einem mit Backpapier belegten Blech im heißen Ofen (Mitte) 7 bis 8 Minuten backen, bis sie zu bräunen beginnen (»wild backen«). Dann den Blätterteig bei 160°C in etwa 20 Minuten ausbacken, abkühlen lassen.

5. Inzwischen für das Mokkamus die Gelatine in kaltem Wasser einweichen. Geben Sie Sahne, Zucker, Salz und den Mokkabruch in einen kleinen Topf. Das Ganze aufkochen und kurz ziehen lassen. Passieren Sie dann die Mischung durch ein Haarsieb. Die Gelatine gut ausdrücken und unterrühren. Die Masse etwa 20 Minuten kalt stellen – sie soll nicht gelieren, sondern nur anziehen.

6. Blätterteigkissen quer durchschneiden, Oberteile dünn mit Puderzucker besieben, unter dem heißen Backofengrill kurz karamellisieren.

7. Schäumen Sie das Mokkamus mit dem Pürierstab auf, und füllen Sie die Blätterteig-Unterteile mit je 4 marinierten Himbeeren und 1 Esslöffel Mokkamus.

8. Setzen Sie jeweils die Blätterteig-Oberteile als Deckel obenauf. Das Dessert sofort servieren.

Wild backen

Das bedeutet, dem Blätterteig keine Ruhezeit zu gönnen. Dadurch wird der Teig beim Backen sehr schön hoch und luftig.

Frischkäse-Honig-Creme in karamellisiertem Strudelteig

FÜR 4 PORTIONEN
ZUBEREITUNG 40 Min.
+ KÜHLEN mind. 1 Std.

FÜR DEN KARAMELLISIERTEN STRUDELTEIG
- ca. 150 g fertig ausgezogener Strudelteig aus dem Kühlregal (oder griechischen Filoteig oder türkischen Yufkateig)
- 1 verquirltes Eiweiß
- 50 g flüssige Butter
- etwas Puderzucker

FÜR DIE FRISCHKÄSE-HONIG-CREME
- 1 Blatt Gelatine
- 100 g Sahne
- 100 g Frischkäse
- Mark von ½ Vanilleschote
- 35 g Honig
- abgeriebene Schale und Saft von ½ Bio-Zitrone

Strudelteig *lässt sich auch leicht mit nur wenigen Zutaten selbst herstellen: Sieben Sie 150 g Mehl auf die Arbeitsfläche, drücken Sie eine Mulde hinein, und geben Sie 1 Prise Salz, 2 EL Pflanzenöl sowie nach und nach 80 ml Wasser hinzu. Verkneten sie alles zu einem geschmeidigen Teig. Diesen zu einer Kugel formen, mit Öl bepinseln und vor der Verarbeitung mindestens 30 Minuten ruhen lassen.*

1. Zuerst bereiten Sie den karamellisierten Strudelteig zu. Den Backofen auf 180 °C vorheizen. Bestreichen Sie die Hälfte des Teigs mit einem Pinsel dünn mit Eiweiß. Die andere Hälfte darauf klappen und andrücken. Die Teigoberfläche mit der flüssigen Butter bestreichen.

2. Schneiden Sie das Teigstück mit einem Teigrädchen in kleine Rechtecke oder auch Dreiecke. Die Teigstücke mit dem Puderzucker besieben, auf ein mit Backpapier belegtes Blech heben. Die Teigstücke im heißen Ofen (Mitte) in etwa 10 Minuten goldgelb backen, herausnehmen und auskühlen lassen.

Vanilleschote

Bei sehr vielen Desserts wird das Aroma und Mark von ½ Vanilleschote benötigt: Übrige Hälften können Sie lange frisch halten, indem Sie sie in Zuckersirup (Läuterzucker, siehe Kasten auf Seite 139) einlegen.

3. Für die Creme die Gelatine in kaltem Wasser einweichen. Die Sahne steif schlagen. Verrühren Sie Frischkäse, Vanillemark, Honig und Zitronenschale miteinander. Den Zitronensaft erwärmen und darin die eingeweichte Gelatine auflösen. Rühren Sie die Gelatinelösung dann gut unter die Frischkäse-Honig-Creme. Die Sahne unterheben und die Creme für mindestens 1 Stunde kalt stellen.

4. Zum Anrichten die Creme in einen Spritzbeutel mit großer Lochtülle füllen, auf die Hälfte der karamellisierten Strudelteigstücke spritzen, die übrigen Teigstücke auflegen.

S. 13
KOCHKURS Gelatine

Formen und Förmchen

Sie sind unverzichtbares Hilfsmittel, um Teigen und Massen beim Backen oder Garen Gestalt zu geben.

VOR ALLEM GEBACKENE Desserts haben meist ein charakteristisches Aussehen, etwa Obsttörtchen mit ihrem gewellten Rand oder ein hoch aufgestiegenes Soufflé. Die Formen, in denen sie bereitet werden, passen mit ihren Eigenschaften am besten zur darin gebackenen Masse.

VERWENDETE MATERIALIEN

Die meisten Backformen sind aus dünnem, gut wärmeleitendem Metall (Weißblech, Schwarzblech); es gibt sie unbeschichtet, antihaftbeschichtet oder emailliert. In dickwandigen Formen aus Keramik oder auch Aluminiumguss backen Aufläufe, Kuchen und Soufflés besonders gleichmäßig. Formen aus Silikon sind spülmaschinengeeignet und können platzsparend verstaut werden. Allerdings bräunt das Gebäck darin an den Seiten nur wenig und wird nicht kross. Gut geeignet sind diese Formen zum Beispiel für Savarins, die nur hell gebacken und in vielen Rezepten vor dem Servieren mit alkoholischer Flüssigkeit getränkt werden.

BACKFORMEN

KASTENFORMEN UND SPRINGFORMEN

Insbesondere Kastenformen werden häufig in verschiedenen Größen benötigt; hier kann die Anschaffung einer längenverstellbaren Form sinnvoll sein.

KOKOTTE UND AUFLAUFFORMEN

Die Kupfer- oder hitzefesten Keramikformen, in denen Sie z. B. Obst-Aufläufe oder Salzburger Nockerln backen, eignen sich auch bestens als Serviergeschirr.

PIEFORMEN UND TARTELETTFORMEN

Wer viele verschiedene Größen benötigt, kann hier zu preiswertem unbeschichtetem Weißblech greifen, kleine Kuchen lösen sich aus diesen Formen gut.

SAVARINFORMEN

Auch diese klassischen Formen mit der glatten Wand und dem weiten Kamin gibt es in verschiedenen Größen und Ausführungen. Im Bild links eine große Form für einen Savarin, der erst bei Tisch portioniert wird, sowie mehrere Portions-Savarinformen. Die rechte Form ist aus hitzebeständigem Silikon.

SOUFFLÉFORMEN

Ein Soufflé soll gleichmäßig und hoch aufgehen. Daher sind die Formen aus Keramik, das die Hitze sehr gleichmäßig weitergibt. Wichtig ist außerdem die glatte, senkrechte Wand der Formen, an der die Soufflémasse hoch aufsteigen kann. Wie Auflaufformen (siehe oben) eignen sich auch Souffléformen als Serviergeschirr.

TIMBALEFORMEN

Die zylinderartigen Portionsförmchen sind ursprünglich Behältnisse für Pasten ohne Hülle. Sie eignen sich aber auch für Gelees, Eismassen oder Mini-Terrinen. Gute Alternative zu Metallformen , aus denen die Masse gestürzt wird: Keramik-Espressotassen, in denen das Dessert serviert werden kann.

Geräte in der Dessertküche

(1)

MASCHINEN, SCHÜSSELN, WERKZEUG

(1) **Sorbetières (Eismaschinen)** gibt es in verschiedenen Ausführungen: Bei einfachen und preiswerteren Modellen – vornehmlich für den Haushaltsgebrauch – gefriert die Eismasse durch die Kälte, die der im Rührbehälter integrierte Kühlakku für etwa 40 Minuten abgibt. Die Profi-Ausführung enthält ein Kühlaggregat vergleichbar dem eines Gefriergeräts; mit einer solchen Maschine können Sie daher mehrere Eissorten nacheinander herstellen.

(2) **Eisportionierer** gibt es in verschiedenen Ausführungen: links und in der Mitte zwei Kugelportionierer mit einer Abstreifmechanik; rechts ein Eislöffel zum Schaben, mit dem auch Cremes gut portioniert werden können.

(3) **Pürierstab und Handrührgerät** werden bei der Zubereitung von Desserts zum Homogenisieren sowie zum Durcharbeiten von schweren Massen und Teigen benötigt.

(4) Unterschiedlich feine **Siebe** benötigen Sie zum Passieren von Fruchtcoulis, anderen Saucen und Flüssigkeiten.

(5) Eine **gezahnte Teigkarte** dient zum Verzieren von Torten und Ähnlichem mit weich-flüssigen Überzügen wie z. B. Cremes oder Sahne.

(6) Im Bild eine **Wasserbadschüssel**. Sie hat einen langen Griff, der nicht heiß wird, und auf der gegenüberliegenden Seite einen breiten Umschlag zum Einhängen in den Topf.

(2)

(3)

(7) Durch die Halbkugelform des **Schneeschlagkessels** lassen sich Saucen und Eischnee besonders gut aufschlagen. Danach steht die Schüssel sicher auf einem Stellring.

(8) (9) Idealerweise haben Sie eine kleine Auswahl an **Rühr- und Schlagbesen** zur Verfügung: verschiedene Größen für verschieden große Mengen, dickstielige für Massen, die mit Kraft geschlagen werden müssen, dünnstielige zum lockeren Schlagen, solche mit dichten Drähten für festere Massen, weite Ballonbesen für lockere Massen.

Geräte in der Dessertküche

OBST VORBEREITEN

Mit dem **Sparschäler** entfernen Sie harte Obstschalen in sehr dünner Schicht. Ein **Obstmesser** ist mit seiner kleinen Klinge ideal, um Früchte zu zerteilen.

REISSEN UND RAFFELN

Feine und grobe **Reiben** dienen in der Dessertküche vor allem zum Abraspeln von Zitrusschalen, die Teigen und Massen oder zu passierenden Suden beigegeben werden.

OBSTSAFT AUSPRESSEN

Mit der hier abgebildeten **Zitruspresse** können Sie den Saft von Zitronen und Orangen mühelos aus dem Fruchtfleisch in die darunter stehende Schale pressen.

AUSBACKEN

Pflegeleicht und robust sind **Pfannen aus Edelstahl** und **gusseiserne Pfannen.**

Letztere haben allerdings eine hohe Wärmeträgheit. Gusspfannen dürfen außerdem nicht mit Spülmittel ausgewaschen werden, sie setzen sonst Rost an. Wischen Sie sie daher nach jedem Gebrauch mit Küchenpapier aus, damit die Oberfläche eine dünne Fettschicht behält.

WENDEN

Dieser **Pfannenwender** besitzt außen eine flexible und innen eine festere Drahtschlaufe. Damit eignet sich das Küchenbesteck hervorragend zum Wenden und Herausnehmen von Gargut aus beschichteten und versiegelten Pfannen, ohne sie zu verkratzen.

Die ergonomische Winkelstellung von Griff zu Auflagefläche erleichtert außerdem die Arbeit am Herd.

ANRICHTEN

Beide hier abgebildeten Streuer sind sowohl als **Puderzuckerstreuer als auch zum Streuen von Kakao** geeignet.

Das linke Modell hat eine großflächige Feinlochung, mit dem ein Pulver sehr gleichmäßig aufgebracht werden kann. Der rechte Streuer ist ebenfalls kleingelocht, allerdings mit groberem Raster – mit ihm können Sie gut dekorative Akzente setzen.

DEKORATIVES AUS OBST

Lange dünne Schalenstreifen erhalten Sie mit dem **Zestenreißer** (unten links); mit einem **Ziseliermesser** (Mitte links) können Sie Muster bei Früchten, Schokolade oder Eis herausarbeiten. Äpfel und Birnen werden mit dem **Fruchtentkerner** (oben links) sauber entkernt. Der **Kugelausstecher** (rechts) formt kleine Bällchen aus dem Fruchtfleisch von weichem Obst (siehe auch S. 31).

DEKORATIVES AUS TEIG

Das können Sie leicht mit einem Sortiment an **Ausstechformen** verschiedener Größe herstellen. Die hier abgebildeten Ringe eignen sich auch als Backformen.

BESTREICHEN

Mit einer **geraden Palette** streichen Sie Teige, Cremes und Glasuren glatt und transportieren Gebackenes.

Die **gekröpfte Streichpalette** ist ideal, um Gebäck in der Form zu bestreichen oder es herauszuheben. Die Ausführung mit der breiten Fläche (Mitte) eignet sich vor allem für Pfannengebackenes. Mit der scharfen Vorderkante können Sie außerdem Gebackenes gut teilen.

MESSEN UND SCHNEIDEN

In der Patisserie muss häufig akkurat zugeschnitten werden – insbesondere, wenn es um die Herstellung von Hohlformen, etwa Hippenformen geht. Hier sind **Lineal und Skalpell** unerlässliche Hilfsmittel.

Und auch eine robuste **Universalschere** ist in der Dessertküche unentbehrlich, vor allem zum Zurechtschneiden von Papieren und Folien aller Art, etwa Backpapier, Folienstreifen oder Pergament.

GEBÄCK SCHNEIDEN

Ein geschmiedetes **Universalmesser mit Wellenschliff** eignet sich gut zum Aufschneiden von Kleingebäck etwa aus Biskuit oder Brandteig. Im Bild ein Messer mit etwa 12 cm Klingenlänge und Klinge mit Mittelspitze.

Mit seiner stabilen Klinge ist dieses Messer außerdem ideal, um Obst mit fester Schale und weichem Kern aufzuschneiden.

AGAR-AGAR Pflanzliches Geliermittel aus braunen und roten Meeresalgen, das für Cremes, Gelees oder Pudding verwendet wird. Alternative zur Gelatine.

ABBRENNEN Einen Teig (z. B. Brandteig) unter Rühren so lange erhitzen, bis die Stärke im Mehl beginnt zu verkleistern.

ANZIEHEN (LASSEN) Überzüge (z. B. Kuvertüre) erkalten lassen, bis sie beginnen, fest zu werden und damit formbar sind bzw. weitere Schichten aufgetragen werden können.

BAIN-MARIE Wasserbad.

BAISER Schaummasse aus Eischnee und Zucker, wird im Ofen mehr getrocknet als gebacken.

BLANCHIEREN Rohes Kochgut wie z. B. Früchte kurz mit kochendem Wasser überbrühen, um sie z. B. leichter von der Haut befreien zu können. Intensiviert außerdem bei vielen Früchten die Farbe und baut unverträgliche Stoffe ab.

BLINDBACKEN Mürbeteig ohne Belag vorbacken. Damit er keine Blasen wirft, wird er mit Backpapier ausgelegt und mit getrockneten Hülsenfrüchten belegt.

BRICKTEIG Wird aus Wasser, Pflanzenöl, Mehl und Salz zubereitet. Im Geschäft erhältlich in Form von hauchdünnen Teigblättern, aus denen nicht nur Bricks (nordafrikanische gefüllte Teigspeisen), sondern auch Frühlingsrollen oder Teigtaschen mit süßer Füllung hergestellt werden können.

CHURROS Ein spanisches Fettgebäck: mit einer weiten gezackten Tülle gespritzte stangenförmige Krapfen aus Brandteig, die in heißem Öl frittiert und mit Zucker bestreut werden. Dazu reicht man warme Schokoladensauce.

COULIS Konzentrierter Saft oder flüssiges Püree z. B. aus Gemüse oder Früchten; dient als Basis für Saucen, Suppen oder Süßspeisen.

EISWASSERBAD Mit Eiswürfeln versetztes kaltes Wasser, in das Schüsseln mit warmen Saucen oder Cremes zum raschen Abkühlen gestellt werden.

ENGLISCHE CREME Vanillesauce; eine dickflüssige vielseitig einsetzbare Grundcreme, die die Basis für viele Desserts, unter anderem für Eiscremes bildet.

FONDANT Weiße Glasurmasse (hart oder noch formbar) aus Zuckersirup; zum Überziehen von Konfekt oder Torten.

GELATINE: Geliermittel aus tierischen Eiweißstoffen: Es wird zunächst kalt eingeweicht, dann warm aufgelöst. Eine pflanzliche Alternative zu Gelatine ist Agar-Agar (siehe oben).

GLASIEREN Gebäck mit Zuckerglasur oder einem Fondantüberzug versehen.

GRANITÉ Körnig gestoßenes Eis auf Wasserbasis, d. h. aus gesüßtem Fruchtsirup oder einer anderen aromatisierten Flüssigkeit (Kaffee, Likör, Zitrone usw.).

KARAMELLISIEREN Zucker schmelzen und dabei bräunen lassen. Auch: Mit geschmolzenem Zucker überziehen oder mischen.

KUVERTÜRE Hochwertige Schokolade, die vor allem zum Überziehen verwendet wird.

LÄUTERZUCKER Mit Wasser gekochter weißer Zucker (Zuckersirup); eignet sich je nach Konsistenz zum Herstellen von Glasuren, Zuckerfäden oder als Garflüssigkeit für Früchte.

MILLE-FEUILLE Wörtlich übersetzt »tausend Blätter«, französische Bezeichnung für Blätterteig und geschichtete Teigblätter.

NAPPIEREN Mit einer Sauce überziehen.

NUSSBUTTER Durch Erhitzen haselnussbraun gebräunte Butter, die außerdem einen feinnussigen Geschmack hat.

PARFAIT, EISPARFAIT Ein Eis mit hohem Anteil an geschlagener Sahne, das nicht in einer Eismaschine hergestellt, sondern ohne Bewegung in einer Form im Tiefkühlgerät gefroren wird.

PASSIEREN Flüssigkeit oder relativ flüssige Mischung durch ein feines Sieb oder ein Tuch gießen, streichen oder drücken.

PETIT FOUR Ein aufwendig geschichtetes Minitörtchen, wird auch Konfektgebäck genannt.

PÜRIEREN Weiche Nahrungsmittel in rohem oder gekochtem Zustand zu einem Brei zerdrücken, mixen oder stampfen.

REDUZIEREN Einkochen von Flüssigkeiten durch Verdampfen; ergibt eine dickflüssigere Konsistenz und intensiviert den Geschmack.

SABAYON Eierschaumcreme, die mit Weißwein, Rotwein oder Dessertwein aufgeschlagen wird.

SAUCENSPIEGEL Saucenfläche auf dem Servierteller, auf der eine Speise angerichtet wird.

SORBET Eis aus einer Masse aus Fruchtsaft, Fruchtpüree, Zucker, Zuckersirup und Aromastoffen (auch Alkoholika) und eventuell zur Auflockerung etwas Eischnee.

SOUFFLÉ Ein lockerer, luftiger Auflauf, der hauptsächlich aus geschlagenem Eiweiß besteht.

TEMPERIEREN Schokoladenkuvertüre im Wasserbad auf Körpertemperatur erwärmen, um einen gleichmäßigen Überzug und einen guten Geschmack zu erhalten.

TIMBALE Formen zur Zubereitung von Pasteten, Terrinen, Gelees und Eisdesserts bzw. die Gerichte selbst (siehe auch Seite 203).

WASSERBAD Ein mit heißem oder kaltem Wasser gefüllter Behälter, in den eine Schüssel mit zu erhitzendem bzw. zu kühlendem Inhalt – z.B. Cremes oder Kuvertüre eingesetzt wird.

ZESTEN Feine Streifen von Zitrusschalen, mit dem Zestenreißer (auch: Fadenschneider) hergestellt.

ZUR ROSE ABZIEHEN Eine Creme unter Rühren erhitzen, bis sie leicht angedickt auf dem Kochlöffel liegen bleibt. Beim Daraufblasen bilden sich Wellen, die an die Blütenblätter einer Rose erinnern.

Das Register enthält Fachbegriffe, Warenkunde, Hinweise auf den Kochkurs und Rezepte (mit • gekennzeichnet)

Unsere Dessert-Spitzenköche

Markus Bischoff

DER GELERNTE Konditor erwarb sich seinen Ruf als hervorragender Koch durch seine Arbeit in Spitzenrestaurants wie der »Auberge de l'Ill« in Illhäusern und bei Eckart Witzigmann in der »Aubergine« in München. Inzwischen verwöhnt er seine Gäste im Restaurant »Bischoff am See« am Tegernsee. Markus Bischoff wurde mit 1 Michelin-Stern und 17 Gault-Millau-Punkten ausgezeichnet. Er vermittelt die Kunst des Kochens in seiner eigenen Kochschule (www.bischoff-am-see.de).

Matthias Buchholz

SEIN KOCHSTIL zeichnet sich durch »sinnliche Würzphantasie« aus. Für seine Kochkunst auf hohem Niveau erhielt Matthias Buchholz einen Michelin-Stern und 18 Gault-Millau-Punkte. Matthias Buchholz arbeitete nach seiner Ausbildung zum Koch unter anderem im Frankfurter »Weinhaus Brückenkeller« sowie im Restaurant »Logenhaus« in Berlin. Inzwischen begeistert er seine Gäste als Chef de cuisine mit raffinierten Gerichten und Desserts im Restaurant »First Floor« im Hotel Palace in Berlin.

Peter Hauptmeier

ER IST EIN ECHTER Meister auf dem Gebiet der Desserts und der Patisserie. Peter Hauptmeier lernte nach seiner Ausbildung zum Konditor auch die Kunst der französischen Patisserie kennen und spezialisierte sich auf die Herstellung feinster Zuckerarbeiten. Als Chef-Patissier im »Park Hotel Bremen« entwickelte er ein geradezu traumhaftes 11-gängiges Dessertmenü. Seit 1995 kreiert er nun im Bremer »Café Hauptmeier« im »Best Western Wellness Hotel zur Post« Desserts und Patisserie.

Melanie Woltemath-Kühn

SIE KONNTE sich schon beizeiten in der Männerwelt der Haute Cuisine behaupten und das, obwohl sie sich das Kochen selbst beibrachte. Aber gerade diese Tatsache gibt der Küche von Melanie Woltemath-Kühn den besonderen kreativen Charme und Charakter, den ihre Gäste seit 1975 in »Woltemaths Restaurant« in Burgwedel vor den Toren Hannovers so lieben. Die vielen Auszeichnungen, die Melanie Woltemath-Kühn verliehen wurden, sind der Beweis für ihre ausgezeichnete Kochkunst.

109
Kochkurs für Genießer
Asiatisch
TEUBNER
www.teubner-verlag.de
Wahrer Genuss beginnt
schon vor dem Genuss.
Für ein Kocherlebnis, wie es im Buche steht, müssen Sie einfach den Profis über die Schulter schauen.
Jetzt in der neuen Reihe von TEUBNER, der Kochkurs für Genießer: Asiatisch.
TEUBNER
kochen | erleben

Verlag	© 2006 TEUBNER Grillparzerstr. 12, D-81675 München TEUBNER ist ein Unternehmen des Verlagshauses GRÄFE UND UNZER, GANSKE VERLAGSGRUPPE Teubner-leserservice@graefe-und-unzer.de www.teubner-verlag.de
Programm- und Verlagsleitung	Dorothee Seeliger
Projektleitung, Konzept und Idee	Claudia Bruckmann
Redaktion	Claudia Lenz
Assistenz und Bildredaktion	Sonja Ott
Text	Claudia Lenz, Claudia Bruckmann
Korrektorat	Katharina Lisson
Probeküche	Eva Fischer, Gudrun Mach
Herstellung	Susanne Mühldorfer
Rezepte	Rezeptteil: Peter Hauptmeier, Melanie Woltemath-Kühn, Matthias Buchholz; Kochkursteil: Markus Bischoff
Fotografie	Haupttitel und Rezeptteil (alle Gerichte, Warenkundeseiten, Aufmacher): Matthias Hoffmann, Delmenhorst, und Frauke Koops – Produktion, Styling, Foodstyling (Geesthacht b. Hamburg), Peter Hauptmeier (fachliche Beratung bei den Fotoaufnahmen). Der Kochkursteil wurde von Peter von Felbert, München und Anne Eickenberg, Hamburg in der Profiküche von Markus Bischoff, Hotel Bischoff am See, Tegernsee fotografiert.
Coverillustration	independent Medien-Design, München, Janine Polte
Gestaltungskonzept	independent Medien-Design, München, Sandra Gramisci
Innenlayout	independent Medien-Design, München, Lucie Schmid
Layout und Satz	h3a Mediengestaltung und Produktion GmbH, München, Andreas Grassinger
Reproduktion	ReproMayer, Reutlingen
Druck	Appl, Wemding
Buchbinderei	Sigloch Buchbinderei, Blaufelden

Auflage	3.	2.	1.
Jahr	2008	2007	2006
ISBN (10)	3-8338-0169-7		
ISBN (13)	978-3-8338-0169-3		

GRÄFE UND UNZER

Ein Unternehmen der
GANSKE VERLAGSGRUPPE

Wir danken der Firma RÖSLE für die Bereitstellung der verschiedenen Küchenutensilien und Manuela Ferling, Agentur Kochende Leidenschaft, für die Vermittlung der Köche (www.kochende-leidenschaft.de).